Heidelbeer-Birne
Heidelbeer-Birne
Heidelbeer-Birne
Wildkräuter-pesto
Birnensenf
Tomaten
Eingelegte Möhrchen
Birne in Kaffee
Birnensenf
Birnensenf
Bärlauchpesto
Apfel-Ingwer-Gelee
Apfel-Ingwer-Gelee
Birnensenf
Tomaten
Wildkräuter-pesto
Eingelegte Möhrchen
Apfel-Ingwer-Gelee
Apfel-Ingwer-Gelee
Spargel-pesto
Powidl
Powidl
Bärlauchpesto
Eingelegte Möhrchen
Rosenblüten-Gelee
Rosenblüten-Gelee
Rosenblüten-Gelee
Rosenblüten-Gelee
Birne in Kaffee
Birnensenf
Birne in Kaffee
Birnensenf
Eingelegte Möhrchen
Zwiebel-Lorbeer-Chutney
Birnensenf
Tomaten
Wildkräuter-pesto
Heidelbeer-Birne
Heidelbeer-Birne
Wildkräuter-pesto
Zwiebel-Lorbeer-Chutney
Stachelbeere
Tomaten
Heidelbeer-Birne
Heidelbeer-Birne
Heidelbeer-Birne
Spargel-pesto
Powidl
Powidl
Bärlauchpesto
Eingelegte Möhrchen
Zwiebel-Lorbeer-Chutney
Birnensenf
Tomaten
Powidl
Bärlauchpesto
Spargel-pesto
Powidl
Bärlauchpesto

Stachelbeere
Tomaten
Heidelbeer-Birne
Heidelbeer-Birne
Heidelbeer-Birne
Wildkräuter-pesto
Stachelbeere
Tomaten
Rosenblüten. Gelee
Rosenblüten. Gelee
Rosenblüten. Gelee
Rosenblüten. Gelee
Birne in Kaffee
Birnensenf
Eingelegte Möhrchen
Rosenblüten. Gelee
Rosenblüten. Gelee
Eingelegte Möhrchen
Zwiebel-Lorbeer-Chutney
Birnensenf
Tomaten
Wildkräuter-pesto
Eingelegte Möhrchen
Zwiebel-Lorbeer-Chutney
Apfel-Ingwer-Gelee
Spargel-pesto
Powidl
Powidl
Bärlauch-pesto
Apfel-Ingwer-Gelee
Apfel-Ingwer-Gelee
Spargel-pesto
Heidelbeer-Birne
Eingelegte Möhrchen
Rosenblüten. Gelee
Rosenblüten. Gelee
Birne in Kaffee
Birnensenf
Eingelegte Möhrchen
Rosenblüten. Gelee
Rosenblüten. Gelee
Stachelbeere
Tomaten
Heidelbeer-Birne
Heidelbeer-Birne
Wildkräuter-pesto
Stachelbeere
Tomaten
Birnensenf
Zwiebel-Lorbeer-Chutney
Birnensenf
Tomaten
Wildkräuter-pesto
Apfel-Ingwer-Gelee
Apfel-Ingwer-Gelee
Spargel-pesto
Powidl
Bärlauch-pesto
Spargel-pesto

DAS VORRATSKAMMER KOCHBUCH

Stefanie Knorr

Das VORRATS KAMMER Kochbuch

Jan Thorbecke Verlag

VERLAGSGRUPPE PATMOS

PATMOS
ESCHBACH
GRÜNEWALD
THORBECKE
SCHWABEN

Die Verlagsgruppe
mit Sinn für das Leben

Dank

Ganz herzlich möchte ich mich bei allen bedanken, die mich in der Umsetzung dieses spannenden Projekts unterstützt haben.

MIX
Papier aus verantwortungsvollen Quellen
FSC® C043954
FSC www.fsc.org

Für die Schwabenverlag AG ist Nachhaltigkeit ein wichtiger Maßstab ihres Handelns. Wir achten daher auf den Einsatz umweltschonender Ressourcen und Materialien.

www.thorbecke.de

Gestaltung: Finken & Bumiller, Stuttgart, mit Chandima Soysa
Druck: PHOENIX PRINT GmbH, Würzburg
Hergestellt in Deutschland
ISBN 978-3-7995-0546-8

INHALT

Einleitung

Vom Überleben zur Freude

Bis in die späten siebziger Jahre hinein war für meinen Großonkel Hans das Einkochen in seiner ehemaligen Waschküche, die direkt an sein kleines ostfriesisches Backsteinhaus angebaut war, mit Freude verbunden. Mich wunderte es sehr, dass ein älterer Herr solch eingemachte Köstlichkeiten herstellen konnte. Den Geruch von hölzernen Kellerregalen, in Tiefkellern stehend, habe ich immer noch in der Nase. Liebevoll sortiert standen die Gläser da. Ob mit Gummiring oder mit Schraubverschluss: Alle waren sie mit handgeschriebenen Etiketten versehen, die Inhalt und Herstellungsjahr angaben, so zum Beispiel Johannisbeersaft, Erdbeermarmelade, Rote Bete, Kürbis süßsauer oder Apfelkompott. Die damaligen „Geschmacksverstärker", wie Nelken, Zimtstangen, Lorbeerblätter oder Wacholderbeeren, hatten eine genaue Aufgabe, nämlich das Aroma der Köstlichkeiten nach dem Öffnen bei seiner Entfaltung zu unterstützen.

Eine gute Vorratshaltung sorgte dafür, dass während des Winters und des Frühjahrs auf genügend Lebensmittel zurückgegriffen werden konnte, die es zu dieser Zeit nicht zu kaufen gab. Zusätzlich ging es früheren Generationen, die meist durch die Erfahrung einen Krieges geprägt waren, darum, Vorräte anzulegen, um für schlechte Zeiten gewappnet zu sein. Mit der Ernte aus dem eigenen Garten wurde bewusst umgegangen. Genau genommen war überleben zu können das Ziel.

Die seit Mitte der neunziger Jahre stetig wachsende urbane Gartenbewegung hat ihre Wurzeln jedoch ganz woanders, nämlich in den New Yorker Gemeinschaftsgärten der siebziger Jahre. Die Gemeinschaftsgärten waren und sind grüne innerstädtische Oasen mit Blumenbeeten und Gemüseanbau zur Selbstversorgung. Ernährungsspolitische, soziale, künstlerische und stadtgestalterische Anliegen werden miteinander verbunden. Daraus haben sich verschiedene Konzepte nicht-kommerzieller Gärten, wie Nachbarschaftsgärten, Kinderbauernhöfe oder Schulgärten, entwickelt und verbreitet.

Nachhaltiges Wirtschaften mit Ressourcen ermöglicht auch der trendige urbane Gartenbau in Städten. Dabei werden meist kleinräumige städtische Flächen innerhalb von Siedlungsgebieten oder in deren direktem Umfeld bepflanzt. Im Vordergrund dieses gegenwärtigen Trends stehen die gärtnerischen Kulturen, die Bewirtschaftung und die umweltschonende Produktion. Der bewusste Anbau landwirtschaftlicher Erzeugnisse ist das Ziel dieser Sonderform des Gartenbaus. Die Gärten sind Orte, an denen die Natur erfahrbar ist und das eigene Tun als sinnvoll wahrgenommen wird.

Heute werden Lebensmittel aller Art während des ganzen Jahres angeboten und der eigentliche Zweck der Vorratshaltung hat sich dadurch gewandelt. Im Privathaushalt hat die Bevorratung wieder einen höheren Stellenwert erreicht, zum Einen, weil bewusster mit Lebensmitteln und deren Anbau und Herkunft umgegangen wird, zum Anderen erleichtert eine gut organisierte Vorratshaltung die Versorgung im Alltag. Eine gut durchdachte Vorratskammer ermöglicht noch so ganz nebenbei, Geld einzusparen.

Moderne Vorratshaltung

Vorratshaltung meint die Bevorratung, auch das Vorhalten oder die Lagerhaltung genannt, von Lebensmitteln aller Art, egal ob diese frisch oder konserviert sind. Eine gut organisierte Vorratshaltung ist in einem Haushalt für die täglichen Abläufe und das reibungslose Funktionieren wesentlich. Bei den Vorräten wird zwischen der Trockenbevorratung, also Lebensmitteln, die gut bei Zimmertemperatur gelagert werden können, und Lebensmitteln, die einer Kühlung im Kühlschrank oder in der Tiefkühltruhe bedürfen, unterschieden.

Grundsätzlich muss zunächst einmal für die Übersichtlichkeit über die vorhandenen Vorräte gesorgt werden. Vorratsschränke helfen hierbei; vor allem Auszugsschränke erweisen sich als optimal, da auf einen Blick erkannt werden kann, was vorhanden ist und was noch besorgt werden muss. Hilfreich für die Übersichtlichkeit ist außerdem das Umfüllen von Nahrungsmitteln in transparente Behälter. So können Sie den Füllstand einsehen und haben einen guten Überblick. Außerdem sollten die Vorräte an einem Ort gelagert werden.

Damit die Nährstoffe bestmöglich erhalten bleiben, werden lebensmittelechte, geschmacksneutrale, bruchsichere, reißfeste und dichte Behältnisse verwendet. Sind die Vorratsbehälter auch noch stapelfähig, haben Sie den Platz in Ihrem Vorratsschrank gut ausgenutzt.

Neben der richtigen Aufbewahrung ist auch die regelmäßige Kontrolle der Vorräte sinnvoll. Bei großen Vorratsmengen empfiehlt es sich, Vorratslisten zu schreiben, um die vorhandenen Vorräte im Überblick zu haben und bedarfsgerecht einzukaufen.

Damit die Vorratshaltung auch wirklich gelingt, ist das Wissen um die richtige Lagerung und Verarbeitung grundlegend. So halten die gelagerten Lebensmittel länger und können auch zu einem Zeitpunkt verarbeitet werden, wenn sie Saison haben und daher günstiger zu bekommen sind. Dies alles spart Zeit und Geld. Es ist überdies nachhaltiger, da weniger weggeworfen werden muss.

Da frische Lebensmittel, wie Obst, Gemüse, Milch oder Fleisch, eine kürzere Haltbarkeitszeit haben als Dauerlebensmittel, sollten sie auch in kleineren Mengen eingekauft und kühl gelagert werden. Manche Lebensmittel werden, wie beispielsweise H-Milch, daher so konserviert oder behandelt, dass sie sich länger halten und auch – ungeöffnet – im Vorratsschrank gelagert werden können.

Wie viele Vorräte gelagert werden können, hängt zudem vom Platzangebot ab. Steht nur ein Vorratsschrank zur Verfügung, können weniger Lebensmittel gelagert werden als in einem Keller, in dem ausreichend Platz für die Ernte aus dem Garten vorhanden ist. Geeignete Räume sind kühl, dunkel und nicht zu feucht. Auch sollten keine Schädlinge von außen eindringen können.

Nicht immer ist es aber sinnvoll, Lebensmittel in größeren Mengen zu lagern. Dies gilt vor allem für frische Lebensmittel, die im Kühlschrank oder Gefrierfach viel Raum einnehmen und damit größere Mengen an Energie verbrauchen. Wenn Sie saisonales Obst oder Gemüse energieschonend und nachhaltig lagern wollen, ist es empfehlenswerter, aus einem Teil zum

Beispiel der geernteten Johannisbeeren Saft, Gelee oder Marmelade herzustellen, als die Gesamtmenge einzufrieren.

Doch welche Vorräte gehören in einen gut befüllten Vorratsschrank bzw. -raum? Für eine grundlegende Vorratshaltung würde ich folgende Lebensmittel empfehlen:

Getreide/Getreideprodukte
Weizenmehl Type 405
Dinkelmehl
Haferflocken
Reis
Nudeln

Gemüse
Tomaten (in der Dose, getrocknet, Mark)
Karotten
Knollensellerie
Kartoffeln
Zwiebeln
Knoblauch
Tiefkühlgemüse (z.B. Erbsen, Bohnen, Spinat)

Obst
Äpfel
Rosinen
Tiefkühlobst (z.B. Himbeeren, Erdbeeren, Johannisbeeren)
Zitronen
Obstkonserven (z.B. Birnen, Pfirsiche, Aprikosen)

Hülsenfrüchte
Erbsen (getrocknet)
Linsen (getrocknet)
Bohnen (getrocknet)

Milch/Milchprodukte
Milch
Sahne
Quark
Käse, Fetakäse

Eier

Fisch/Fleisch
Thunfisch (in der Dose)
Fleisch (tiefgekühlt)
Lachs (tiefgekühlt)

Fette/Öle/Essig
Butter
Erdnussöl
Olivenöl
Sonnenblumenöl
Apfelessig

Gewürze/Kräuter
Gekörnte Brühe
Paprikapulver
Pfeffer
Salz
Senf
Oregano (getrocknet)
Rosmarin (getrocknet)
Thymian (getrocknet)
Dill (tiefgekühlt)
Petersilie (tiefgekühlt)
Schnittlauch (tiefgekühlt)

Sonstiges
Backpulver
Honig
Meerrettich
Vanillezucker
Zucker

Konservieren – Lebensmittel länger haltbar machen

Das Einfrieren ist die einfachste Art der Konservierung und erfordert wesentlich weniger Kenntnisse als andere Konservierungsmethoden. Beim sachgemäßen Einfrieren von Lebensmitteln gehen wesentlich weniger

Nährstoffe verloren als z.B. beim Einkochen. Allerdings wird mehr Energie verbraucht und die Umwelt stärker belastet. Tiefgekühlte Lebensmittel findet man heute in fast allen Haushalten.

Einfrieren eignet sich gut für wasserhaltige Lebensmittel. Bei der Tiefkühlung wird die Lagertemperatur der Lebensmittel deutlich unter den Gefrierpunkt gebracht. Dadurch wird das Wachstum der Mikroorganismen verlangsamt, teilweise sogar gestoppt. Ebenso werden chemische und physikalische Vorgänge in den Lebensmitteln verlangsamt und gestoppt. Biochemische, vor allem aber enzymatische Reaktionen laufen langsamer ab. Tiefkühlprodukte enthalten daher mehr Nährstoffe als frische Lebensmittel, die schon einige Zeit alt sind und im Handel auslagen. Hierbei sind Zeiten der Ernte und des Transports dazuzurechnen.

Das in den Lebensmitteln vorhandene Wasser dehnt sich während des Gefriervorgangs aus und bildet Eiskristalle. Vom schonenden Einfrieren oder Schockfrosten spricht man, wenn das Gefriergut möglichst schnell auf mindestens -18 °C herabgekühlt wird. Dadurch entstehen die gewünschten kleinen Eiskristalle im Gefriergut, die beim späteren Auftauen weniger ernährungsphysiologische Schäden hinterlassen. Beim langsamen Einfrieren bilden sich große Eiskristalle, die das Zellgewebe und damit wertvolle Inhaltsstoffe zerstören. Je größer die Eiskristalle, desto größer ist die Zerstörung des Zellgewebes und der Verlust der Inhaltsstoffe.

Ebenso wichtig wie das schnelle Einfrieren ist die sachgemäße Verpackung. Vielleicht hatten Sie auch schon ein Gefriergut in der Hand, das Gefrierbrand aufwies. Das Aroma und der Nährstoffgehalt sind durch die unsachgemäße Verpackung enorm vermindert. Genau genommen sollten Sie auf dieses Lebensmittel verzichten und es entsorgen. Verwenden Sie daher Gefrierbeutel, keine anderen herkömmlichen Plastiktüten. Von diesen können Schadstoffe in das Lebensmittel übergehen. Definitiv gesundheitsschädlich!

Die zweite wichtige Methode zur Konservierung von Lebensmitteln ist das Einkochen. Gleich drei Begriffe gibt es für dieselbe Konservierungsmethode, nämlich Einmachen, Einkochen oder Einwecken. Eine über hundertjährige Tradition in Deutschland, die momentan wieder einen Boom erlebt, vielleicht auch dadurch, dass sich prinzipiell alle Obstsorten zum Einmachen in Gläsern mit Schraubverschluss eignen, und man weiß, welche Qualität man verarbeitet.

Die Klassiker sind immer noch Äpfel, Birnen, Pflaumen, Pfirsiche, Aprikosen, Mirabellen und Beeren aus dem heimischen Garten, gewürzt mit Nelken, Zimtstangen oder Vanilleschoten, um das Aroma einer Frucht zu intensivieren.

Zur Erntezeit, wenn viele Früchte gleichzeitig erntereif sind, eignet sich das Konservieren in Gläsern mit Schraubverschluss. Dies ist praktisch und sicherer in der Handhabung und bedarf geringer Vorkenntnisse. Nach dem Einkochen kann man anhand des Deckels fühlen, ob ein Vakuum entstanden ist.

Mit dieser klassischen Konservierungsmethode kann man neben Obst auch Gemüse, wie Tomaten, Kürbisse, Zucchini, Zwiebeln, Bohnen und Rote Bete, so einkochen, dass es monatelang, sofern die Gläser kühl und dunkel gelagert werden, haltbar ist.

Eingekochtes bringt zu vielen Jahreszeiten Abwechslung auf den Tisch, wie der Birnensenf zeigt, der mit Wildfleisch und Käse-Brot-Auflauf im Spätherbst ein deftiges Menü, das überwiegend aus Vorräten besteht, ergibt. Die Möhren-Curry-Suppe mit Apfel vereint Gemüse und Obst. Sie eignet sich gut zum Einmachen und ist als Menükomponente oder als kleine Mahlzeit zwischendurch ein Leckerbissen. Selbstgemachte Himbeermarmelade ist der Geschmacksträger einer Linzer Torte und Powidl kann die Füllung von Knödeln sein. Selbstgemachtes Tomatensugo aus vollreifen Tomaten kann als Basis eines Nudelgerichts oder als Zutat einer italienischen Minestrone verwendet werden. Zwiebel-Lorbeer-Chutney eignet sich als pikanter Brotaufstrich, als besonderes Gewürz in einer Bratensauce oder zu rosé gebratenem Schweinefilet.

Alle verarbeiteten Lebensmittel sollten frisch sein, aber nicht überreif und selbstverständlich weder faul noch welk. Befreien Sie Lebensmittel gründlich von allen Verschmutzungen und trocknen Sie sie ggf. gut ab. Bei der Verwendung von Gewürzen sollten Sie sparsam sein, um den Eigengeschmack der Lebensmittel möglichst zu erhalten.

Die folgenden Arbeitsschritte zum Einmachen in Gläsern mit Schraubverschluss sind chronologisch aufgebaut:

- Einrichten des Arbeitsplatzes. Stellen oder legen Sie alle Arbeitsgeräte bereit, damit ein reibungsloser und zügiger Arbeitsablauf möglich ist. Hierzu gehören: Gläser mit den passenden Deckeln, Einfülltrichter, Filzschreiber, Handtücher, Klebeetiketten, Suppenkelle, Spültücher, Rührlöffel, Töpfe, Waage.
- Reinigen Sie die jeweils zusammengehörenden Gläser und Deckel sehr gründlich. Die Deckel sollten keine Beschädigungen aufweisen, weil sonst eindringende Luft und Bakterien die eingekochten Lebensmittel verderben und ungenießbar machen können.
- Die Gläser sollten Sie unmittelbar vor dem Befüllen nochmals mit heißem Wasser ausspülen, um sicher zu gehen, dass das Glas nicht springt. Anschließend stellen Sie die Schraubgläser mit der Öffnung nach unten auf saubere Geschirrtücher, damit das Wasser ablaufen kann.
- Kochen Sie die Nahrungsmittel nach Rezept- oder Packungsanweisung und befüllen Sie die noch warmen Gläser mithilfe einer Suppenkelle und eines Einfülltrichters. Das Kochgut sollte bis zum Glasrand eingefüllt werden, damit so wenig Luft wie möglich eingeschlossen wird.
- Reinigen Sie die Ränder und das Gewinde der Gläser mit einem sauberen Tuch und verschließen Sie die Gläser fest. Dann drehen Sie die Gläser um und lassen Sie sie eine Weile auf dem Deckel stehen.
- Nach dem Abkühlen sollten Sie die Gläser beschriften und in einem kühlen, frostfreien Raum ohne direkte Sonneneinstrahlung aufbewahren. Haben Sie beim Einkochen alles richtig gemacht, sollten sich die Deckel der Schraubgläser nach innen wölben.

Selbst Eingemachtes

Es ist schön, wenn man immer etwas im Haus hat. Selbst gemachte Marmeladen wecken im Winter alle Erinnerungen an den Sommer. Pasta oder Pellkartoffeln mit Wildkräuterpesto sind eine schnelle köstliche Abendmahlzeit. Aber vielleicht ziehen Sie auch die in Öl eingelegten Möhrchen mit Schweinefilet in Balsamicosud und einem frischen Baguette vor.

Einige Rezepte aus dem Buch basieren auf traditionellen, natürlichen Konservierungsmethoden, wie Öl, Essig, Zitrone, Salz, Zucker oder Honig. Sie haben den Vorteil, Aromen voll zu entfalten. Ergänzen kann man diese durch Kräuter und Gewürze, wie Ingwer, Knoblauch, Lorbeer oder Nelke, die zusätzlich gegen Pilze und Bakterien wirken und dadurch verstärkt konservierend wirken. Frische grüne Kräuter lassen sich problemlos in Öl aufbewahren und stehen dann sofort zum Würzen von Suppen oder Verfeinern von Salatmarinaden zur Verfügung. Verwenden Sie hierzu kleine sterilisierte Schraubgläser, die mit Öl aufgegossen werden, bis die Kräuter luftdicht abgedeckt sind. Nach jeder Entnahme – unbedingt mit sauberem Löffel – muss die Schicht erneuert werden. Angebrochene Vorräte sollten in kleinere Gläschen umgefüllt und im Kühlschrank aufbewahrt werden.

An manchen Tagen tut es gut, schnell eine Tasse heißer Brühe zu sich nehmen zu können. Es gibt zum Glück eine altbewährte Tradition der Herstellung von Suppenwürzen aus Gemüse und Fleisch. Durch eine einmalige Aktion sorgen Sie so lange Zeit vor. Die im Buch aufgeführten Rezepte finden in der Herstellung von Risotto, zum Pochieren von Fleisch oder einem Ei oder aber zum Dünsten von Gemüse ihre Verwendung.

Eine gute Alternative zu Kuchen – auch für Kinder – ist ein Roggensauerteigbrot, mit Butter bestrichen und darauf das selbstgemachte Zwetschgenmus, das Sie unter dem Rezept „Powidl“ finden. Zusätzlich können Sie Zwetschgenmus zu Pfannkuchen gut kombinieren oder Germknödel damit füllen. Und falls Sie für die Linzer Torte einmal keine Himbeermarmelade haben: Nehmen Sie Zwetschgenmus! So kreieren Sie Ihre eigene Torte – aus dem Vorrat!

Frische Kräuter liefern Nährstoffe

Sich aus der Vorratskammer zu ernähren, muss weder besonders aufwändig noch teuer sein, bietet vielfältige Möglichkeiten und die Chance, sich ebenso gesund wie auch bewusst und abwechslungsreich ernähren zu können. Und es ist – dank Tiefkühlware und einem guten Sortiment an Grundvorräten – genauso schnell wie Fertigprodukte. Wichtig ist eine durchdachte Vorratshaltung, damit auf die Schnelle ein gesundes und leckeres Essen auf dem Tisch stehen kann. Neben Gemüse und Kräutern, evtl. auch in tiefgekühlter Form, bieten sich tiefgekühlter Fisch und tiefgekühltes Fleisch an, die durch frische Zutaten noch aufgewertet werden können.

Für die schnelle Küche sollten Konserven, Gewürze sowie Trockenwaren wie Nudeln, Reis, Getreide und Mehl immer vorhanden sein. Gratins und Gemüsepfannen lassen sich mit Eiern, Milch, Kartoffeln und Tiefkühlgemüse sehr einfach zubereiten.

Eine Mahlzeit aus der Vorratskammer inspiriert dazu, nach Herzenslust mit Gewürzen und Kräutern zu experimentieren. Sie liefern wertvolle Nährstoffe und verleihen wunderbares Aroma, gerade auch wenn auf Fett und Salz verzichtet werden soll. Darüber hinaus gelten viele Kräuter als Heilmittel. So wirken Kräuter appetitanregend, beruhigend auf das Verdauungssystem sowie anregend auf das Immunsystem und den Stoffwechsel. Frische Kräuter verwenden Sie am besten nach dem Garen, da manche Pflanzeninhaltsstoffe, wie ätherische Öle, hitzeempfindlich sind.

Gewürze machen Gerichte erst komplett, regen durch ihren Duft und ihre Farbigkeit an. Allein die natürliche Farbe eines Gewürzes hat bereits Einfluss auf unsere Stimmung und unser Wohlbefinden. Wie die Kräuter geben die ätherischen Öle von Gewürzen nicht nur eine individuelle Geschmacksnote, sondern haben zudem eine physiologische und gesundheitsfördernde Wirkung.

SUPPEN

Italienische Minestrone

Mit der Verwendung einer Gremolata, einer Kräuter-Würzmischung der lombardischen Küche, erreicht man eine besondere Geschmacksrichtung. Die klassische Form besteht aus glattblättriger Petersilie, fein abgeriebener Zitronenschale und meist auch Knoblauch, die miteinander gehackt und Gerichten erst kurz vor dem Servieren zugegeben werden, um die frischen Aromen zu erhalten.

Für 4 Personen

1 Zwiebel
1 Knoblauchzehe
1 Karotte
1 Stange Lauch
2 EL Öl
150 g Hackfleisch
400 ml Wasser
30 g Reis
1 kleine Dose Tomaten, püriert
100 g Erbsen
Salz und Pfeffer
Oregano
100 g Parmesankäse, gerieben

1

Die Zwiebel und die Knoblauchzehe fein hacken. Die Karotte grob raspeln und den Lauch in feine Ringe schneiden.

2

Das Öl erhitzen, das Hackfleisch und die Zwiebel darin anbraten. Den Knoblauch dazugeben und alles mit dem Wasser ablöschen. Den Reis und das Tomatenpüree hinzufügen und die Minestrone 15 Minuten lang garen.

3

Die Erbsen dazugeben und 3 Minuten lang mitgaren. Die Minestrone mit Salz, Pfeffer und Oregano abschmecken.

4

Den Parmesankäse zur Minestrone reichen.

MEDITERRANE FISCHSUPPE

Ein gut gekühlter Weißwein unterstreicht das fruchtige Aroma dieses Rezepts. Auch im Sommer kann diese feine Suppe lauwarm oder kühl genossen werden.

FÜR 4 PERSONEN

½ TL Safranfäden
1 Zwiebel
2 Knoblauchzehen
½ Stange Lauch
½ Paprika
2 EL Öl
1 kleine Dose gehackte Tomaten
250 ml Wasser
1 TL Gemüsebrühe
1 Lorbeerblatt
½ TL Majoran
1 Msp geriebene Orangenschale
1 Bund glatte Petersilie, gehackt
2 Scheiben Seelachsfilet
Zitronensaft
Salz und Pfeffer

1

Die Safranfäden in 2 EL kochendem Wasser einweichen. Die Zwiebel und die Knoblauchzehen hacken. Den Lauch in Ringe schneiden und waschen. Die Paprika waschen und in kleine Stücke schneiden.

2

Das Öl in einem großen Topf erhitzen und das Gemüse darin andünsten. Mit den Tomaten und dem Wasser ablöschen. Die Gemüsebrühe, Lorbeer, Majoran und Orangenschale, die Hälfte der gehackten Petersilie und den Safran mitsamt dem Einweichwasser dazugeben.

3

Die Seelachsfilets waschen, trocken tupfen und mit etwas Zitronensaft säuern. Den Fisch zum Gemüse geben und in der Flüssigkeit in etwa 10 Minuten gar ziehen lassen. Das Gericht mit Salz und Pfeffer abschmecken und kurz vor dem Anrichten mit der restlichen Petersilie bestreuen.

MÖHREN-CURRY-SUPPE MIT APFEL

Kochen Sie eine große Menge dieser Suppe und füllen Sie diese heiß in Schraubgläser. Ein idealer Vorrat für die kalte Jahreszeit.

FÜR 4 PERSONEN

1 Schalotte
1 kleiner Apfel
1 EL Rapsöl
½ TL Currypulver
500 ml Karottensaft
¼ TL gekörnte Gemüsebrühe
Salz und Pfeffer

1

Die Schalotte in kleine Würfel schneiden. Den Apfel vierteln, entkernen und in kleine Würfel schneiden.

2

Das Öl erhitzen und die Schalottenwürfel darin glasig dünsten. Die Apfelwürfel und das Currypulver zufügen und kurz mit andünsten. Den Karottensaft zugießen, aufkochen und die gekörnte Gemüsebrühe unterrühren.

3

Die Suppe in 5 Minuten garziehen lassen. Mit Salz und Pfeffer würzen.

GEMÜSEBRÜHE MIT FLEISCHKLÖSSCHEN

Falls Sie die vegetarische Variante dieses Rezeptes umsetzen möchten, können Sie anstatt des Fleisches Kartoffelwürfel, feine Streifen von Weißkraut oder Wirsing und Champignons mitgaren.

FÜR 4 PERSONEN

1 l Wasser
1 ½ Zwiebeln
2 ganze Nelken
2 Lorbeerblätter
1 Bund Suppengemüse
1 TL Salz
½ Brötchen vom Vortag
¼ Bund Petersilie
2 EL Sonnenblumenöl
125 g Hackfleisch
1 Ei
½ TL Salz
1 Pr Pfeffer
1 Pr Muskat
1 Bund Schnittlauch, in Röllchen

1

Das Wasser in den Topf geben. 1 Zwiebel schälen und mit den Nelken und den Lorbeerblättern spicken. Das Suppengemüse waschen, schälen und grob zerkleinern. Die gespickte Zwiebel, das Suppengemüse und das Salz in denTopf geben, aufkochen und in etwa 1 Stunde garziehen lassen. Danach die Suppe durch ein Sieb gießen.

2

Das Brötchen in Wasser einweichen, sehr gut ausdrücken und mit einer Gabel zerkleinern. Die halbe Zwiebel in feine Würfel schneiden und die Petersilie sehr fein hacken. Das Öl in einer Pfanne erhitzen, die Zwiebel darin glasig dünsten, dann die Petersilie zugeben und mitdünsten. Leicht abkühlen lassen.

3

Hackfleisch, Ei, Brötchen und die Zwiebel-Petersilien-Mischung mit den Knethaken des Handrührgeräts verkneten. Falls die Masse zu feucht ist, ggf. Semmelbrösel untermischen. Mit Salz, Pfeffer und Muskat würzen. Aus der Masse mit zwei Teelöffeln kleine Klößchen formen und diese in siedendem Salzwasser ziehen lassen, bis sie gar sind. Die Klößchen sind fertig, wenn sie an der Oberfläche schwimmen.
Die Fleischklößchen in eine Suppenschüssel geben. Die heiße Brühe kurz vor dem Servieren über die Fleischklößchen gießen und mit Schnittlauchröllchen garnieren.

GELBE ERBSENSUPPE MIT MANGO UND FETA

Möchten Sie ein Menü servieren, eignet sich dieses Rezept besonders gut in der Kombination mit Rhabarbersirup, aufgegossen mit Sekt oder Weißwein als Aperitif, und dem Honigmelonenquark als Dessert.

FÜR 4 PERSONEN

225 g gelbe Erbsen, geschält
1 Zwiebel
3 EL Olivenöl
1 TL ganze Kreuzkümmelsamen
1 EL Curry
2 EL Kurkuma
1 TL Zimt
400 ml Gemüsebrühe
400 ml Kokosmilch
Salz
1 Mango
2 EL geriebene Orangenschale
1 TL Chiliflocken
125 g Feta
10 Minzeblätter

1

Die Erbsen über Nacht in Wasser einweichen. Den Topf mit Wasser auffüllen und die Erbsen ohne Salz in etwa 30 Minuten bei niedriger Hitze garen.

2

Die Zwiebel schälen und grob würfeln. 1 EL Öl erhitzen und die Zwiebel darin goldbraun braten. Die Erbsen, Kreuzkümmel, Curry, Kurkuma und Zimt unterrühren und kurz mitdünsten. Mit der Gemüsebrühe und der Kokosmilch ablöschen, salzen und etwa 15 Minuten lang garen. Ab und zu umrühren und nach Bedarf Brühe dazugießen.

3

Die Mango schälen, fein würfeln und unter die Suppe rühren. Die Orangenschale mit 2 EL Öl und den Chiliflocken verrühren. Den Feta fein zerkrümeln und die Minze grob schneiden. Die Suppe portionsweise mit Käse und Minze bestreuen und mit Chili-Öl beträufeln.

FLEISCHBRÜHE MIT KÄSERIEBELE

Eine gute Fleischbrühe spendet Energie und Wärme. Für die kühle Jahreszeit empfehle ich diese Brühe ohne die Käseriebele in größerer Menge zuzubereiten, heiß in Schraubgläser abzufüllen und kühl zu stellen. Geröstetes Roggensauerteigbrot oder Italienisches Landbrot passen gut zu dieser Brühe, und fein geschnittene glatte Petersilie spendet Extra-Vitamine.

FÜR 4 PERSONEN

1 l Wasser
1 Zwiebel
2 ganze Nelken
2 Lorbeerblätter
250 g Siedfleisch
1 Bund Suppengemüse
1 TL Salz
100 g Mehl
30 g Gouda, gerieben
1 Ei
2 Pr Pfeffer
3 EL gehackte Petersilie

1

Das Wasser in einen Topf geben. Die Zwiebel schälen und mit den Nelken und den Lorbeerblättern spicken. Das Siedfleisch unter kaltem fließenden Wasser waschen. Das Suppengemüse waschen, schälen und grob zerkleinern.

2

Die Zwiebel, das Fleisch, das Gemüse und das Salz in den Topf geben und alles etwa 1 Stunde lang leicht köcheln lassen. Danach die Suppe durch ein Sieb gießen, das Fleisch würfeln und wieder in die Brühe geben.

3

Mehl, Gouda, Ei und Pfeffer mit den Knethaken des Handrührgeräts zu einem festen Teig kneten. Den Teig von Hand mit einer Reibe raspeln und auf einem Geschirrtuch 30 Minuten lang trocknen lassen.

4

Danach die Riebele in kochendem Salzwasser 3 Minuten lang garen. Mit einem Schaumlöffel aus dem Sud nehmen.

5

Kurz vor dem Essen die Riebele in die erhitzte Fleischbrühe geben und mit gehackter Petersilie garnieren.

VORSPEISEN UND KLEINE GERICHTE

Salatteller mit Thunfischcrostini

Falls Sie nicht die im Rezept angegebenen Brotsorten zu Hause haben sollten, verwenden Sie einfach andere. Die Thunfischcreme können Sie gut einen Tag im Voraus zubereiten.

Für 4 Personen

½ Ciabatta oder Baguette
1 Knoblauchzehe
7 EL Olivenöl
1 Dose Thunfisch
1 EL Kapern
4 Pr Pfeffer
2 EL Zitronensaft
200 g Frischkäse
3 EL weißer Balsamicoessig
½ TL Salz
1 Pr Zucker
1 Kopf Blattsalat, z.B. Lollo rosso
1 rote Paprika

1

Das Brot in Scheiben schneiden und den Knoblauch hacken. 3 EL Öl in einer Pfanne erhitzen und das Brot mit dem Knoblauch darin goldgelb rösten. Abkühlen lassen.

2

Den Thunfisch, die Kapern, 2 Prisen Pfeffer, den Zitronensaft und den Frischkäse mit einem Pürierstab zu einer Creme verarbeiten und kalt stellen.

3

4 EL Olivenöl, den Balsamicoessig, das Salz, 2 Prisen Pfeffer und den Zucker zu einem Dressing verrühren. Den Salat waschen und in mundgerechte Stücke zerteilen. Die Paprika entkernen und würfeln.

4

Den Blattsalat auf etwa vier bis fünf Salatteller verteilen, die Paprikawürfel darübergeben und mit dem Dressing beträufeln.

5

Die gerösteten Brotscheiben mit der Thunfischcreme bestreichen und am Rand des Tellers anrichten.

GEFÜLLTE CHAMPIGNONKÖPFE

Richten Sie die gegarten Champignonköpfe einzeln auf einem Kressebett an und stellen Sie die Teller wie ein Band in die Mitte des Tisches.

FÜR 4 PERSONEN

8 große Champignons
1 Zwiebel
1 EL Öl
100 g Frischkäse
1 Ei
½ TL Salz
2 Pr Pfeffer
2 EL Semmelbrösel
½ Bund glatte Petersilie, fein gehackt

1

Die Champignons mit einem feuchten Tuch abwischen, die Stiele herausdrehen und sehr fein hacken. Die Pilzköpfe mit einem Teelöffel aushöhlen.

2

Die Zwiebel schälen und in sehr feine Würfel schneiden. Das Öl in einer Pfanne erhitzen, die Zwiebel und die gehackten Champignonstiele darin dünsten, bis die gesamte Flüssigkeit verdampft ist. Etwas abkühlen lassen.

3

Den Backofen auf 180 °C Ober-/Unterhitze vorheizen.

4

Die restlichen Zutaten miteinander verrühren, die Zwiebel-Pilzmasse untermischen. Die Champignonköpfe mit der Masse füllen.
Die gefüllten Pilzköpfe in eine gefettete Auflaufform setzen und im vorgeheizten Backofen ca. 15–20 Minuten lang garen.

GRÜNKERN-BRATLINGE

Ein kleiner Tipp für gutes Gelingen: Die Bratlinge zerfallen nicht, wenn man sie nicht zu früh wendet. Petersilie spendet Extra-Vitamine.

FÜR 4 PERSONEN

1 Zwiebel
3 EL Öl
150 g grober Grünkernschrot
300 ml Wasser
2 Karotten
¼ Stange Lauch
1 Ei
80 g Emmentaler, gerieben
5 EL Semmelbrösel
Salz und Pfeffer
3 EL Sonnenblumenöl

1

Die Zwiebel würfeln, das Öl erhitzen und die Zwiebel darin andünsten. Den Grünkernschrot und das Wasser dazugeben, den Topf vom Herd nehmen und den Schrot 15 Minuten lang quellen lassen.

2

Die Karotten und den Lauch fein schneiden oder raspeln. Beides sowie das Ei und den Käse unter die abgekühlte Masse rühren. Die Semmelbrösel hinzufügen, alle Zutaten miteinander vermischen und mit Salz und Pfeffer würzen.

3

Aus der Masse Bratlinge formen. Das Sonnenblumenöl erhitzen und die Bratlinge darin von beiden Seiten etwa 5 Minuten lang braten.

MÖHRENPUFFER MIT DIP

Stellen Sie aus den Möhrenpuffern Sandwiches her! Der Dip eignet sich besonders gut als Aufstrich für das Brot oder das Brötchen und macht das Ganze, vielleicht noch mit einer Tomatenscheibe ergänzt, zu einer frischen und leckeren Zwischenmahlzeit.

FÜR 4 PERSONEN

600 g Möhren
200 g Kartoffeln
1 Zwiebel
2–3 EL Mehl
1 Ei
Salz
Muskatnuss, frisch gerieben
4 EL Erdnussöl
200 g Naturjoghurt
100 g Frischkäse
Zitronensaft
Salz und Pfeffer
glatte Petersilie

1

Die Möhren und die Kartoffeln schälen, waschen und grob raspeln. Die Zwiebel in feine Würfel schneiden.

2

Möhren, Kartoffeln, Zwiebel, Mehl, Ei, Salz und etwas Muskatnuss miteinander vermischen.

3

Das Erdnussöl in einer Pfanne erhitzen und pro Puffer 2 EL Möhren-Kartoffel-Masse in das heiße Öl setzen, flach drücken und von beiden Seiten 2–3 Minuten lang goldbraun braten. Die Puffer auf einem Küchenkrepp abtropfen lassen, dann im Backofen warm halten.

4

Für den Dip Joghurt, Frischkäse und Zitronensaft miteinander verrühren. Mit Salz und Pfeffer würzen. Die Petersilie in Streifen schneiden und ebenfalls unterrühren.

SPINAT-PASTETE

Dieses Gericht in kleinen Gläschen präsentiert ist ungemein lecker und wirkt sehr einladend.

FÜR 4 PERSONEN

1 Zwiebel
100 g Butter + etwas für die Form
400 g TK-Blattspinat
Salz und Pfeffer
Paprikapulver
3 Eier
250 ml Milch
150 g Naturjoghurt
100 g Fetakäse
500 g Yufka-Teigblätter

1

Die Zwiebel sehr fein würfeln. 20 g Butter auslassen und die Zwiebel darin glasig dünsten. Den Blattspinat zugeben und mitdünsten, bis die gesamte Flüssigkeit verdampft ist. Mit Salz, Pfeffer und Paprikapulver abschmecken.

2

80 g Butter zerlassen und etwas abkühlen lassen. Die Eier mit der Milch und dem Joghurt verrühren und mit der Butter vermischen. Den Schafskäse würfeln.

3

Den Backofen auf 180 °C Ober-/Unterhitze vorheizen. Die Fettpfanne des Backofens einfetten und die Zutaten abwechselnd einschichten. Dabei mit den Teigblättern beginnen und mit der Joghurtsauce abschließen. Zuletzt die Pastete mehrmals mit einer Gabel einstechen.

4

Im vorgeheizten Backofen ca. 30–45 Minuten lang backen.

LACHSMOUSSE

Zu dieser Vorspeise passen Baguette und ein fruchtiger Weißwein.

FÜR 4 PERSONEN

250 g Räucherlachs
3 EL Frischkäse
2 EL Zitronensaft
1 Bund Schnittlauch, in feinen Ringen
Salz und Pfeffer
Feldsalat

1

Den Räucherlachs mit dem Frischkäse und dem Zitronensaft pürieren. Drei Viertel des Schnittlauchs unter die Mousse heben und mit wenig Salz und Pfeffer abschmecken. Die Lachsmousse etwa 30 Minuten lang kühl stellen.

2

Den Feldsalat putzen und auf Tellern anrichten. Von der Lachsmousse mit zwei Esslöffeln Nocken abstechen, auf dem Feldsalat anrichten und mit dem übrigen Schnittlauch garnieren.

KARTOFFEL-GEMÜSE-GRATIN

Ein optisches Highlight ist das Gratin, wenn Sie violette Kartoffeln verwenden.

FÜR 4 PERSONEN

500 g Kartoffeln
500 g Gemüse nach Saison, z.B. Lauch, Karotten, Zucchini
50 g Butter + zusätzlich für die Form
30 g Mehl
200 ml Milch
200 ml Gemüsebrühe (1 EL Brühe)
100 ml Crème fraîche
100 g Gouda, gerieben
Salz und Pfeffer

1

Die Kartoffeln waschen und 30 Minuten lang dämpfen, dann schälen und in Scheiben schneiden.

2

Das Gemüse in Streifen schneiden. 20 g Butter auslassen und das Gemüse darin bissfest garen.

3

Die restliche Butter in einem Topf schmelzen, das Mehl einrühren und mit der Milch und der Gemüsebrühe ablöschen. Die Mehlschwitze aufkochen lassen, dann die Crème fraîche und die Hälfte des Goudas unterrühren. Mit Salz und Pfeffer würzen.

4

Den Backofen auf 180 °C Ober-/Unterhitze vorheizen. Kartoffeln und Gemüse in eine flache, gefettete Auflaufform schichten und die Mehlschwitze darüber verteilen. Im vorgeheizten Backofen ca. 20 Minuten lang backen, dann den restlichen Käse darübergeben und weitere 10 Minuten backen.

TOSKANISCHER TOAST MIT POCHIERTEM EI

Anstatt des pochierten Eis und der angegebenen Schinkensorten können Sie auch rohen Schinken knusprig anbraten und die Eier auf diesem mitbraten. Der Toast wird dadurch ein wenig deftiger.

FÜR 4 PERSONEN

3 EL Zitronensaft
½ TL Salz
1 Pr Pfeffer
1 Pr Zucker
1 TL Rosmarinnadeln oder -pulver
4 EL Olivenöl
4 Scheiben italienisches Weißbrot
1 Knoblauchzehe
8 Scheiben Parma-Schinken oder Putenschinken
8 Blätter Lollo rosso
8 Blätter Kopfsalat
4 Eier

1

Zitronensaft, Salz, Pfeffer, Zucker, Rosmarin und Olivenöl zu einem Dressing verrühren.

2

Das Weißbrot toasten und den Knoblauch schälen. Die Weißbrotscheiben auf jeweils einer Seite mit dem Knoblauch einreiben, dann mit jeweils 2 Scheiben Schinken belegen.

3

Die Salate waschen und trocken schleudern. Je ein Salatblatt auf die Schinkenscheiben legen.

4

Wasser in einem Topf aufkochen. Die Eier einzeln in einer Tasse aufschlagen, nacheinander vorsichtig ins heiße Wasser gleiten und in 3–4 Minuten gar ziehen lassen. Mit einem Schaumlöffel herausnehmen und auf einem Teller abtropfen lassen.

5

Die Salatblätter mit dem Dressing beträufeln und danach ein Ei daraufsetzen. Sofort servieren.

BRÖTCHEN MIT TOMATEN UND SCHAFSKÄSE

Die Tomaten lassen sich gut durch Oliven ersetzen. Die Variante passt, wie das ursprüngliche Rezept, gut zu diversen Schinken- und Käsesorten und einem Glas Rotwein.

FÜR 4 PERSONEN

60 g Schafkäse
60 g getrocknete Tomaten
2 EL Olivenöl
1 TL Oregano
200 g Quark
125 ml Öl
80 ml Milch
400 g Mehl
1 Pck. Backpulver
1 TL Salz
1 Msp Cayennepfeffer
4 EL Sahne
1 Eigelb

1

Den Backofen auf 180 °C Ober-/Unterhitze vorheizen.

2

Den Schafskäse in kleine Würfel, die Tomaten in feine Streifen schneiden. Olivenöl, Schafskäse, Tomaten und ½ TL Oregano miteinander vermengen.

3

Quark, Öl, Milch, Mehl, Backpulver, Salz, Cayennepfeffer und ½ TL Oregano zu einem homogenen Teig verkneten. Den Teig in 24 Stücke teilen und diese zu Kugeln formen. Eine Mulde in jede Kugel drücken, etwas Füllung hineingeben und die Teigstücke über der Füllung gut zusammendrücken. Dabei die Füllung gut umschließen.

4

Die Sahne und das Eigelb miteinander verquirlen und die Teigrohlinge damit bestreichen.

5

Die Brötchen im vorgeheizten Backofen ca. 15–20 Minuten lang backen.

SELLERIEFLAN

Schweinebraten mit Rosmarin und Petersilienkartoffeln passen hervorragend zum Sellerieflan.

FÜR 4 PERSONEN

500 g Knollensellerie
30 ml Sonnenblumenöl
100 ml Gemüsebrühe
Salz
3 Eier
100 g Sahne
Cayennepfeffer
Butter für die Formen

1

Den Knollensellerie schälen und würfeln. Das Öl erhitzen und den Sellerie darin anbraten. Mit der Gemüsebrühe ablöschen, salzen und etwa 15 Minuten lang garen.

2

Den Backofen auf 180 °C vorheizen. 1 Ei trennen und das Eiweiß mit 1 Prise Salz steif schlagen.

3

Den gegarten Sellerie mit der Sahne, dem Eigelb und den restlichen Eiern pürieren. Mit Salz und Cayennepfeffer abschmecken.

4

Feuerfeste Förmchen buttern, das Eiweiß unter die Selleriemasse heben, diese in die Förmchen füllen und im vorgeheizten Backofen ca. 30–35 Minuten lang garen.

5

Nach dem Garen kann der Sellerieflan im Förmchen serviert oder gestürzt werden.

TOMATEN-KRÄUTER-TERRINE

Zusammen mit den Gnocchi mit Salbeikürbis und der Beeren-Wein-Sülze aus diesem Buch zaubern Sie ein unaufwendiges Menü, das sehr gut vorbereitet werden kann.

FÜR 4 PERSONEN

250 g frische Tomaten oder stückige Tomaten aus der Dose
50 g Sonnenblumenkerne
3 Eier
1 EL Speisestärke
400 g Ricotta
Salz und Pfeffer
¼ Bund Schnittlauch
¼ Bund glatte Petersilie
¼ Bund Dill
3 EL Olivenöl und zusätzlich zum Einfetten

1

Die frischen Tomaten etwa 3 Minuten lang in heißem Wasser blanchieren, dann häuten und vom Stielansatz und den Kernen befreien. Das Fruchtfleisch in kleine Würfel schneiden. Falls Sie Tomaten aus der Dose verwenden, den Saft abgießen und die Tomaten sehr gut abtropfen lassen. Die Sonnenblumenkerne in einer Pfanne ohne Fett anrösten.

2

Die Eier mit der Speisestärke und dem Käse verrühren, salzen und pfeffern. Schnittlauch, Petersilie und Dill fein hacken. Dann die Kräuter, die Sonnenblumenkerne, die Tomatenwürfel und das Olivenöl mit der Käsemasse vermischen.

3

Den Backofen auf 180 °C Ober-/Unterhitze vorheizen. Die Fettpfanne mit heißem Wasser füllen und mit aufheizen.

4

Eine Form mit etwa 20 × 30 cm Größe mit Olivenöl einfetten, die Masse einfüllen, glatt streichen und die Terrine im vorgeheizten Backofen im Wasserbad ca. 40–45 Minuten lang garen. Die Terrine in der Form auskühlen lassen, stürzen und in Scheiben schneiden oder in kleinen Förmchen servieren.

HAUPT-GERICHTE

GNOCCHI MIT SALBEIKÜRBIS

Der Geschmack von Salbei ist leicht bitter, adstringierend und auch kampferartig. Diese Eigenschaften werden durch die Zugabe von Sahne gut abgemildert. Es entsteht dadurch ein fast weicher, runder Geschmack.

FÜR 4 PERSONEN

1 Hokkaido, ca. 500 g Kürbisfleisch
3 EL Olivenöl
1 Knoblauchzehe
400 g Gnocchi (Fertigprodukt)
1 EL getrockneter Salbei
150 g Schafskäse
Salz und Pfeffer
Sahne

1

Den Hokkaido waschen, entkernen und in etwa 1,5 cm große Würfel schneiden.
Das Öl in einer Pfanne erhitzen und den Kürbis darin bräunen. Die Knoblauchzehe hacken und mit dem schon gebräunten Kürbis mitdünsten.

2

Die Gnocchi nach Packungsanweisung garen und ebenso in die Pfanne geben.
Den Salbei zerreiben und den Schafskäse würfeln. Beides vorsichtig unter die Gnocchi heben.
Mit Salz, Pfeffer und Sahne abschmecken.

HÄHNCHENKEULEN AUF PAPRIKAGEMÜSE

Eine leicht süßliche Geschmacksvariante entsteht, wenn Sie eine Paprikaschote durch einen Apfel ersetzen und eine kleine Prise Zucker oder Sojasauce hinzufügen.

FÜR 4 PERSONEN

4 Hähnchenkeulen
3 EL Öl
1 Zwiebel
1 rote Paprika
1 gelbe Paprika
1 grüne Paprika
Salz und Pfeffer
Thymian
Sahne

1

Die Hähnchenkeulen waschen und trocken tupfen. Das Öl in einer Pfanne erhitzen und die Keulen darin von beiden Seiten gut anbraten, dann herausnehmen.

2

Die Zwiebel in Ringe schneiden, die Paprikaschoten entkernen und in Streifen schneiden. Das Gemüse im Bratenfett etwa 5 Minuten lang dünsten, dann salzen und pfeffern.

3

Die Hähnchenkeulen wieder in die Pfanne geben und zugedeckt weitere 20 Minuten lang garen.

4

Zuletzt mit Thymian und Sahne verfeinern.

LACHS-GURKEN-PFANNE

Ein ideales, sehr leichtes Essen für die heiße Jahreszeit. Einfach und schnell in der Zubereitung und dadurch auch für Kochanfänger gut geeignet.

FÜR 4 PERSONEN

2 Salatgurken
1 Zwiebel
2 EL Öl
2 TL Mehl
150 g Sahne
2 TL körniger Senf
250 ml Gemüsebrühe aus gekörnter Brühe (1 TL)
250 g Lachsfilet
Salz, Pfeffer und Zitronensaft
½ Bund glatte Petersilie

1

Die Gurken schälen, halbieren und entkernen, das Fruchtfleisch in 1,5 cm breite Scheiben schneiden. Die Zwiebel fein würfeln. Das Öl erhitzen und die Zwiebel darin andünsten. Die Gurken dazugeben und 2 Minuten lang mitdünsten. Das Mehl darüberstäuben und kurz anschwitzen.

2

Sahne, Senf und Gemüsebrühe dazugeben und alles 5 Minuten lang köcheln lassen.

3

Das Lachsfilet in 3 cm breite Streifen schneiden, zu den Gurken geben und garziehen lassen. Mit Salz, Pfeffer und Zitronensaft würzen.

4

Die Petersilie sehr fein schneiden und vor dem Servieren vorsichtig unterheben.

ORIENTALISCHER GEMÜSETOPF

Servieren Sie dieses Gericht in der kalten Jahreszeit mit einem vollmundigen Rotwein.

FÜR 4 PERSONEN

100 g Bulgur
½ TL Salz
250 ml Wasser
1 Aubergine
1 Zucchini
1 Zwiebel
200 g Champignons
1 Knoblauchzehe
2 EL Erdnussöl
1 Dose gehackte Tomaten
3 EL Rotwein
1 Msp Zimt
1 TL Curry
½ TL Thymian
½ TL Oregano

1

Den Bulgur mit Salz und Wasser in einem Topf aufkochen und bei geringer Hitze etwa 20 Minuten lang garen.

2

Das Gemüse putzen und in Scheiben schneiden, den Knoblauch hacken. Das Öl erhitzen und das Gemüse sowie den Knoblauch darin andünsten. Mit den gehackten Tomaten und dem Rotwein ablöschen und bissfest garen.

3

Die Gewürze zufügen und den gegarten Bulgur vorsichtig unterheben.

PFIRSICH-FISCH-CURRY

Servieren Sie das Gericht in Tassen, die auch die Hände schön wärmen. Ein tolles Genusserlebnis!

FÜR 4 PERSONEN

2 Scheiben Seelachsfilet
½ TL Salz
Saft von 1 Zitrone
1 Zwiebel
1 Knoblauchzehe
1 kleines Stück Ingwer
1 Chilischote
4 Pfirsichhälften aus der Dose
2 EL Olivenöl
200 ml Kokosmilch
1 EL Kokosraspel
1 TL Currypulver

1

Die Seelachsfilets waschen, trocken tupfen, salzen und im Zitronensaft einlegen.

2

Die Zwiebel und den Knoblauch hacken. Den Ingwer in sehr kleine Würfel schneiden. Die Chilischote entkernen und fein schneiden. Die Pfirsichhälften in feine Streifen schneiden.

3

Das Olivenöl erhitzen, Zwiebel und Knoblauch darin andünsten und mit Kokosmilch ablöschen. Alle Zutaten sowie den Fisch dazugeben und die Filets in 10 Minuten gar ziehen lassen.

LOTHRINGER KÄSEKUCHEN

Ursprünglich stammt der Lothringer Käsekuchen, worauf der Name schon hindeutet, aus Lothringen oder aus dem Elsass. Er kann als Vorspeise oder Hauptgericht mit frischem grünen Salat verzehrt werden.

FÜR 4 PERSONEN

200 g Kochschinken
1 Zwiebel
1 EL Olivenöl
3 Eier
200 g Sahne
125 g Emmentaler, gerieben
Salz, Pfeffer und Muskat
200 g Quark
125 ml Öl
80 ml Milch
400 g Mehl
1 Pck. Backpulver

1

Den Schinken klein schneiden, die Zwiebel fein würfeln. Das Olivenöl erhitzen und die Zwiebel darin andünsten.

2

Eier, Sahne und Emmentaler miteinander verrühren, den Schinken und die Zwiebel dazugeben und die Masse mit Salz, Pfeffer und Muskat würzen.

3

Den Backofen auf 180 °C Ober-/Unterhitze vorheizen.

4

Quark, Öl, Milch, Mehl, Backpulver, 1 TL Salz und 1 Msp Pfeffer zu einem homogenen Teig verkneten. Eine Springform damit auslegen und die Schinken-Sahne-Masse hineinfüllen. Den Käsekuchen im vorgeheizten Backofen in 30 Minuten goldbraun backen.

PIKANTE KAROTTENTORTE

Eine Variante erhalten Sie, wenn die Sonnenblumenkerne durch Walnüsse oder Cashewnüsse ersetzt werden.

FÜR 4 PERSONEN

500 g Karotten
3 EL Olivenöl
50 ml Wasser
50 g Sonnenblumenkerne
200 g saure Sahne
3 Eier
Salz und Pfeffer
200 g Quark
125 ml Öl
80 ml Milch
400 g Mehl
1 Pck. Backpulver
1 TL Salz
1 Msp Pfeffer

1

Die Karotten waschen, putzen und grob raspeln. Das Olivenöl erhitzen und die Karotten darin andünsten. Mit dem Wasser ablöschen und etwa 5 Minuten lang garen.

2

Die Sonnenblumenkerne in einer Pfanne ohne Zugabe von Fett goldbraun rösten.

3

Die saure Sahne und die Eier miteinander verrühren, mit Salz und Pfeffer würzen.

4

Den Backofen auf 180 °C Ober-/ Unterhitze vorheizen.

5

Quark, Öl, Milch, Mehl, Backpulver, 1 TL Salz und 1 Msp Pfeffer zu einem homogenen Teig verkneten. Den Teig in einer Springform auslegen, die Karotten, die Sonnenblumenkerne und das Eier-Sahne-Gemisch hineingeben.
Die Karottentorte im vorgeheizten Ofen ca. 40 Minuten lang backen.

PIKANTER BROKKOLIKUCHEN MIT GORGONZOLA

Reichen Sie zu diesem pikanten Kuchen am besten einen frischen Tomatensalat und ein Glas kalten Weißwein.

FÜR 4 PERSONEN

500 g Brokkoli
1 Zwiebel
3 EL Olivenöl
50 ml Wasser
200 g saure Sahne
100 g Gorgonzola
3 Eier
Salz und Pfeffer
200 g Quark
125 ml Öl
80 ml Milch
400 g Mehl
1 Pck. Backpulver

1

Den Brokkoli in kleine Röschen zerteilen, die Zwiebel fein würfeln. Das Olivenöl erhitzen und das Gemüse darin andünsten. Mit dem Wasser ablöschen und 10 Minuten lang garen.

2

Die saure Sahne, den Gorgonzola und die Eier mit dem Pürierstab vermischen und mit Salz und Pfeffer würzen.

3

Den Backofen auf 180 °C Ober-/Unterhitze vorheizen.

4

Quark, Öl, Milch, Mehl, Backpulver, 1 TL Salz und 1 Msp Pfeffer zu einem homogenen Teig verkneten. Den Teig in einer Springform auslegen, den Brokkoli darauf verteilen und mit der Gorgonzolamasse übergießen.

5

Den Brokkolikuchen im vorgeheizten Ofen ca. 40 Minuten lang backen.

PUTENSTEAKS IN GURKENSAUCE

Servieren Sie dieses Gericht mit Bandnudeln und Blattsalat, das schmeckt hervorragend.

FÜR 4 PERSONEN

4 EL Olivenöl
4 Putensteaks
1 Zwiebel
1 Knoblauchzehe
100 ml Gemüsebrühe
100 g Crème fraîche
100 g Essiggurken
Salz und Pfeffer
¼ Bund glatte Petersilie

1

Das Olivenöl erhitzen und die Putensteaks darin von beiden Seiten gut anbraten, dann herausnehmen.

2

Die Zwiebel und den Knoblauch hacken und im restlichen Fett 5 Minuten lang dünsten. Mit der Gemüsebrühe ablöschen, dann Crème fraîche hinzufügen.

3

Die Essiggurken in Streifen schneiden und in die Sauce geben. Die Putensteaks in der Gurkensauce 10 Minuten lang ziehen lassen.

4

Mit Salz und Pfeffer würzen. Die Petersilie fein schneiden und kurz vor dem Servieren über das Gericht streuen.

TOMATENLASAGNE MIT ZITRONENPESTO

Feinblättrig geschnittene Steinchampignons sind eine schmackhafte Variante. Schichten Sie diese abwechselnd mit den angegebenen Zutaten ein.

FÜR 4 PERSONEN

3 Knoblauchzehen
2 EL Olivenöl
1 Dose gehackte Tomaten
100 g Tomatenmark
100 ml Weißwein
100 ml Gemüsebrühe
1 Lorbeerblatt
100 g Parmesan
1 Bund glatte Petersilie
1 Bund Basilikum
50 g Pinienkerne
Salz und Pfeffer
Saft und geriebene Schale von ½ Zitrone
400 g Mozzarella
10 Lasagnenudelblätter
Fett für die Form

1

Den Knoblauch hacken. Das Olivenöl erhitzen und den Knoblauch darin andünsten, die gehackten Tomaten und das Tomatenmark dazugeben und umrühren. Den Weißwein, die Gemüsebrühe und das Lorbeerblatt zu den Tomaten geben und alles einkochen lassen.

2

Parmesan, Petersilie, Basilikum, Pinienkerne, etwas Salz und Pfeffer, den Zitronensaft und etwas Zitronenschale in einem Gefäß pürieren.

3

Den Mozzarella in Scheiben schneiden. Den Backofen auf 180 °C Ober-/Unterhitze vorheizen.

4

Das Tomatenragout abwechselnd mit dem Zitronenpesto, dem Mozzarella und den Lasagneblättern in eine gefettete Auflaufform einschichten. Die letzte Schicht sollte aus dem Tomatenragout bestehen. Etwas Mozzarella aufheben.

5

Die Lasagne im vorgeheizten Backofen ca. 30–35 Minuten lang backen. 5 Minuten vor dem Ende der Garzeit die Lasagne mit dem restlichen Mozzarella belegen und bräunen lassen.

PIKANTER LAUCH-SAFRAN-KUCHEN

Reichen Sie zu diesem pikanten Kuchen einen frischen Tomatensalat und gut gekühlten Weißwein.

FÜR 4 PERSONEN

500 g Lauch
1 Zwiebel
3 EL Olivenöl
50 ml Wasser
0,1 g Safranpulver
200 g saure Sahne
3 Eier
Salz und Pfeffer
200 g Quark
125 ml Öl
80 ml Milch
400 g Mehl
1 Pck. Backpulver

1

Den Lauch waschen und in Ringe schneiden, die Zwiebel fein würfeln. Das Olivenöl erhitzen und das Gemüse darin andünsten. Mit dem Wasser ablöschen, den Safran hinzufügen und alles 10 Minuten lang garen.

2

Die saure Sahne und die Eier miteinander verrühren und mit Salz und Pfeffer würzen. Den Backofen auf 180 °C Ober-/Unterhitze vorheizen.

3

Quark, Öl, Milch, Mehl, Backpulver, 1 TL Salz und 1 Msp Pfeffer zu einem homogenen Teig verkneten. Den Teig in einer Springform auslegen, die Lauch-Safran-Masse darauf verteilen und das Eier-Sahne-Gemisch darübergießen.

4

Den Lauch-Safran-Kuchen im vorgeheizten Ofen ca. 40 Minuten lang backen.

KÄSE-BROT-AUFLAUF MIT ROSINEN

Servieren Sie zu diesem herzhaften Gericht mit leicht süßer Note einen bunten Salat.

FÜR 4 PERSONEN

Butter für die Form
12 Scheiben Brot vom Vortag
160 ml trockener Weißwein
200 g würziger Bergkäse
200 g Sahne
100 ml Milch
3 Eier
Salz und Pfeffer
Muskatnuss
50 g Rosinen

1

Den Backofen auf 180 °C Ober-/Unterhitze vorheizen.

2

Eine Auflaufform mit Butter einfetten. Die Brotscheiben hineinschichten und mit dem Weißwein tränken.

3

Den Bergkäse reiben und mit der Sahne, der Milch und den Eiern verrühren. Mit Salz, Pfeffer und Muskatnuss würzen. Die Rosinen unterheben.

4

Die Masse über die Brotscheiben gießen. Den Auflauf im vorgeheizten Backofen ca. 25–30 Minuten lang backen, bis sich der Teig golden färbt.

SPAGHETTI MIT MÖHRENPESTO

Ein wunderbar grüner Farbklecks sind zarte junge Rucolablätter, die außerdem eine frische Note haben und viele Vitamine spenden.

FÜR 4 PERSONEN

600 g Möhren
1 Zwiebel
1 rote Chilischote
4 EL Olivenöl
½ TL Salz
5 EL Honig
½ TL getrockneter Thymian
100 g Parmesan, gerieben
300 g Spaghetti
100 g Fetakäse

1

Die Möhren waschen und grob würfeln, die Zwiebel und die Chilischote klein schneiden. Das Olivenöl erhitzen und das Gemüse darin andünsten. Das Salz und den Honig zufügen und das Gemüse etwa 5 Minuten im Honig karamellisieren.

2

Den Thymian und den Parmesan zufügen und alles feinstückig pürieren.

3

Die Spaghetti nach Packungsanweisung bissfest garen. Den Fetakäse mit den Fingern zerbröckeln.

4

Die Spaghetti mit dem Möhrenpesto vermischen und den Feta darüberstreuen.

CURRY-HÄHNCHENKEULEN

Reis oder Kartoffeln passen am besten zu diesem Gericht.

FÜR 4 PERSONEN

4 Hähnchenkeulen
3 EL Öl
1 Zwiebel
2 Äpfel
¼ TL Currypulver
Salz und Pfeffer
250 ml Gemüsebrühe
(½ TL gekörnte Brühe)
4 EL Sahne

1

Die Hähnchenkeulen waschen und abtupfen. Das Öl in einer Pfanne erhitzen und das Fleisch darin von beiden Seiten gut anbraten. Herausnehmen und beiseitestellen.

2

Die Zwiebel in feine Würfel schneiden, die Äpfel entkernen und achteln. Beides im restlichen Fett 5 Minuten lang dünsten. Mit dem Currypulver, Salz und Pfeffer würzen, dann mit der Gemüsebrühe ablöschen.

3

Die Hähnchenkeulen wieder in die Pfanne geben und alles zugedeckt etwa 20 Minuten lang garen.

4

Den Topf vom Herd nehmen und die Sauce mit der Sahne verfeinern.

SÜDAFRIKANISCHES PUTENCURRY

Bereiten Sie die doppelte Menge zu und frieren Sie die Hälfte ein. Das Gericht schmeckt nach dem nochmaligen Erwärmen noch aromatischer. Reichen Sie das Putencurry mit gedünstetem Reis.

FÜR 4 PERSONEN

300 g Zwiebeln
3 EL Sonnenblumenöl
400 g Putengeschnetzeltes
1 Dose gehackte Tomaten
1 Knoblauchzehe
½ EL Curry
1 Msp Nelken
1 Msp Zimt
1 Msp Koriander
1 Msp Chilipulver
1 EL Gemüsebrühenpulver
50 ml Wasser
100 g Crème fraîche

1

Die Zwiebeln hacken. Das Öl erhitzen und die Zwiebeln darin andünsten. Das Putengeschnetzelte zugeben und kurz mitdünsten.

2

Den Knoblauch hacken.
Die gehackten Tomaten, den Knoblauch, alle Gewürze, die Gemüsebrühe und das Wasser zugeben und zugedeckt etwa 10 Minuten lang garen.

3

Zuletzt die Crème fraîche unterrühren.

Winterliche Gemüselasagne

Eine ganz andere Geschmacksnote erhält dieses Gericht, wenn kurzgebratene Salamiwürfel zu dem Gemüseragout hinzugefügt werden.

Für 4 Personen

1 Zwiebel
1 Stange Lauch
300 g Karotten
300 g Wirsing
2 El Öl
200 ml Gemüsebrühe
1 Dose gehackte Tomaten
Salz und Pfeffer
Majoran
Thymian
200 g Sahne
10 Lasagnenudelblätter
150 g Pecorino, gerieben
Fett für die Form

1

Die Zwiebel würfeln, den Lauch in feine Ringe schneiden und waschen. Die Karotten schälen und in feine Stifte schneiden. Den Wirsing waschen, vierteln und in feine Streifen schneiden.

2

Das Öl erhitzen und das Gemüse darin andünsten. Mit der Gemüsebrühe ablöschen, kurz aufkochen lassen und etwa 2 Minuten lang garen. Die gehackten Tomaten zugeben und mit Salz und Pfeffer sowie Majoran und Thymian würzen. Die Sahne dazugeben, einmal aufkochen lassen und nochmals abschmecken.

3

Den Backofen auf 180 °C Ober-/Unterhitze vorheizen.

4

Das Gemüseragout abwechselnd mit den Lasagneblättern und dem Pecorino in eine gefettete Auflaufform einschichten. Mit einer Schicht aus Gemüseragout abschließen. Etwas Pecorino zurückbehalten.

5

Die Lasagne im vorgeheizten Backofen ca. 30–35 Minuten lang backen. 5 Minuten vor dem Ende der Garzeit mit dem restlichen Pecorino bestreuen und den Käse bräunen lassen.

KUCHEN UND DESSERTS

VANILLEGUGELHUPF MIT SCHWARZEN JOHANNISBEEREN

Der Mascobadozucker unterscheidet sich vom herkömmlichen Haushalts- zucker durch einen leichten Karamellgeschmack.

FÜR 1 GUGELHUPF

150 g Mascobadozucker
1 Pr Salz
3 Eier
200 g Mehl
120 g Naturjoghurt
80 ml Sonnenblumenöl
geriebene Schale von 1 Zitrone
Mark von 2 Vanillestangen
1 Pr Backpulver
500 g schwarze Johannisbeeren
Butter und Semmelbrösel für die Form
Puderzucker zum Dekorieren

1

Alle Zutaten außer den Johannisbeeren zu einem Teig verrühren. Den Backofen auf 160 °C Ober-/Unterhitze vorheizen.

2

Die Johannisbeeren abbrausen und etwa ein Drittel vorsichtig unter die Masse heben. Eine Gugelhupfform buttern und mit Semmelbröseln ausstreuen. Den Teig einfüllen und den Kuchen im vorgeheizten Backofen ca. 40–50 Minuten lang backen.

3

Nach dem Abkühlen den Kuchen mit den restlichen Johannisbeeren anrichten und mit etwas Puderzucker bestreuen.

LILA MILA

Ergänzen Sie das Getränk mit einer Kugel Eis Ihrer Wahl, so erhalten Sie eine schnelle und außergewöhnliche Dessertvariante.

FÜR 4 PERSONEN

1 l Milch
300 g Heidelbeeren
1 Päckchen Vanillezucker
3 EL Honig

1

Die Milch, die Hälfte der Heidelbeeren, den Vanillezucker und den Honig mit dem Pürierstab mixen.

2

Den Shake in Gläser füllen, die restlichen Heidelbeeren unterrühren und kühl stellen.

HONIGMELONENQUARK MIT PISTAZIEN

Zerteilen Sie die ausgekratzte Vanilleschote der Länge nach und dekorieren Sie das Dessert damit, das sieht hübsch aus.

FÜR 4 PERSONEN

½ Honigmelone
Saft von 1 Orange
Saft und geriebene Schale von 1 Limette
Mark von 1 Vanilleschote
150 g Sahne
250 g Quark
100 g Frischkäse
4 EL Honig
40 g Pistazien, gehackt

1

Das Fruchtfleisch der Melone würfeln oder mit dem Kugelstecher abstechen. Mit dem Orangensaft, dem Saft und der Schale der Limette und dem Vanillemark verrühren.

2

Die Sahne steif schlagen. Quark, Frischkäse und Honig miteinander verrühren und die steife Sahne unterheben.

3

Die Fruchtmischung, die Quarkcreme und die Pistazien abwechselnd in vier bis sechs Gläser schichten, dabei mit Pistazien enden.

ZITRONENSCHNITTEN

Schneiden Sie den abgekühlten Kuchen in Quadrate oder Rechtecke und servieren Sie diesen mit geschlagener Vanillesahne und leicht gefrorenen Himbeeren.

FÜR 1 BACKBLECH

225 g Mehl
300 g Rohrohrzucker
2 Pr Salz
¼ TL Vanillemark
220 g sehr weiche Butter
7 Eier
1 EL kaltes Wasser
Saft und geriebene Schale von 1 Zitrone
Puderzucker

1

Den Backofen auf 180 °C Ober-/Unterhitze vorheizen.

Das Mehl, 50 g Rohrohrzucker, 1 Prise Salz, das Vanillemark, 120 g Butter, 1 Ei und das Wasser mit den Knethaken des Handrührgeräts zu einem Teig verkneten. Den Mürbeteig sofort ausrollen, auf ein mit Backpapier ausgelegtes Backblech legen, mit einer Gabel mehrmals einstechen und im vorgeheizten Backofen 10 Minuten lang vorbacken.

2

Die restlichen 6 Eier, 300 g Zucker, 100 g Butter, 1 Prise Salz sowie Saft und Schale der Zitrone zu einer cremigen Masse verrühren. Die Creme auf den vorgebackenen Boden gießen und den Kuchen ca. 20–25 Minuten lang backen, bis die Creme leicht zu bräunen beginnt.

3

Den Kuchen herausnehmen und auskühlen lassen. Mit etwas Puderzucker bestäubt servieren.

Rhabarberkuchen

Servieren Sie den noch lauwarmen Kuchen mit einer Kugel Zitroneneis – himmlisch!

Für 1 Springform

475 g Mehl
50 g Zucker
50 g zarte Haferflocken
50 g kalte Butter, in Flöckchen
¼ TL Kardamom
250 g Rhabarber
200 g Quark
125 ml Öl
80 ml Milch
1 Pck. Backpulver
1 TL Salz
Puderzucker zum Servieren

1

75 g Mehl, Zucker, Haferflocken, Butter und Kardamom mit dem Knethaken des Handrührgeräts zu Streuseln verarbeiten und mindesten 20 Minuten lang kalt stellen. Den Backofen auf 180 °C Ober-/Unterhitze vorheizen.

2

Den Rhabarber putzen und in etwa 2 cm große Stücke schneiden. Quark, Öl, Milch, das restliche Mehl, Backpulver und Salz zu einem homogenen Teig verkneten und auf einer mit Mehl bestäubten Arbeitsfläche ausrollen. Den Rhabarber auf dem Teig verteilen und die Streusel darüberstreuen.

3

Den Kuchen im vorgeheizten Backofen 20–25 Minuten lang backen. Vor dem Servieren mit Puderzucker bestäuben.

APFEL-NUSS-BROT

Ein Rezept für die Weihnachtsbäckerei in letzter Minute.

FÜR 1–2 KASTENFORMEN

750 g Äpfel
500 g Mehl
200 g ganze Haselnüsse
200 g Rosinen
1 Pck. Backpulver
1 EL Lebkuchengewürz
1 EL Kakaopulver
Butter und Semmelbrösel für die Form

1

Den Backofen auf 180 °C vorheizen.

2

Die Äpfel waschen und raspeln. Alle Zutaten mit den Knethaken des Handrührgeräts verkneten. Je nach Größe eine oder zwei Kastenformen buttern, mit Semmelbröseln ausstreuen und den Teig einfüllen.

3

Das Brot im vorgeheizten Backofen ca. 60–70 Minuten lang backen.

ZOPF MIT FÜLLUNG

Dieses Gebäck ist zu vielen süßen und salzigen Gerichten eine gute Ergänzung und sollte bei keinem Brunch fehlen.

FÜR 1 ZOPF

40 g Pistazien
150 g getrocknete Aprikosen
180 g Möhren
120 g Butter
3 EL Honig
6 EL Sahne
Saft und geriebene Schale von 1 Orange
200 g Quark
125 ml Öl
80 ml Milch
400 g Mehl
1 Pck. Backpulver
1 TL Salz
1 Eigelb
3 EL Hagelzucker
100 g Mandelstifte

1

Die Pistazien hacken und in einer Pfanne ohne Zugabe von Fett rösten. Beiseitestellen. Die Aprikosen sehr fein würfeln. Die Möhren schälen und fein raspeln.

2

20 g Butter in einem Topf erhitzen, die Möhren mit dem Honig darin kurz andünsten. 2 EL Sahne zufügen und die Möhren etwa 10 Minuten lang zugedeckt garen.

3

Die Aprikosen, die Orangenschale und den -saft dazugeben und einkochen lassen, bis die Flüssigkeit ganz verkocht ist. Die Masse abkühlen lassen, dann die Pistazien untermischen. Quark, Öl, Milch, Mehl, Backpulver und Salz zu einem homogenen Teig verkneten.

4

Den Teig in zwei etwa 30 cm lange Stränge rollen und diese ca. 12 cm breit ausrollen. Die Füllung mittig auf die beiden Streifen streichen und 100 g Butter in Flöckchen darauf verteilen. Die Teigstreifen der Länge nach aufrollen und beide Stränge miteinander verdrehen. Den Backofen auf 180 °C Ober-/Unterhitze vorheizen.

5

4 EL Sahne und das Eigelb miteinander verquirlen und den Zopf damit bestreichen. Den Hagelzucker und die Mandelstifte darüberstreuen. Den Zopf im vorgeheizten Backofen 35–40 Minuten lang backen.

BEEREN-WEIN-SÜLZE

Statt des Weißweins können Sie klaren Apfelsaft verwenden. Allerdings empfiehlt es sich dann, die angegebene Zuckermenge zu halbieren.

FÜR 4 PERSONEN

7 Blatt weiße Gelatine
100 g Zucker
400 ml trockener Weißwein
600 g gemischte Beeren
250 g Sahnejoghurt
3 EL Puderzucker
geriebene Schale von
1 Zitrone
3 EL Grand Marnier

1

Die Gelatine in kaltem Wasser einweichen. Den Zucker mit dem Weißwein aufkochen und kochen lassen, bis sich der Zucker vollständig gelöst hat. Den Topf vom Herd nehmen und die Flüssigkeit leicht abkühlen lassen.

2

Die Gelatine ausdrücken und in der warmen, aber nicht heißen Flüssigkeit auflösen.

3

Eine Form mit Klarsichtfolie auslegen und das Weingelee ca. 1 cm hoch eingießen. Etwa 15 Minuten lang kalt stellen, bis es fast fest geworden ist. Dann eine Lage Beeren einfüllen und mit Weingelee übergießen.

4

Diese Arbeitsschritte wiederholen, bis alle Zutaten aufgebraucht sind. Die Form mit Klarsichtfolie abdecken und 4 Stunden lang kalt stellen.

5

Den Sahnejoghurt mit dem Puderzucker, der Zitronenschale und dem Grand Marnier verrühren.

6

Die Beeren-Wein-Sülze aus der Form stürzen, in Scheiben schneiden und mit der Joghurtcreme beträufeln.

LINZER TORTE

Verändern Sie doch einmal das traditionelle Rezept, indem Sie die Himbeermarmelade durch Powidl ersetzen. Das schmeckt sehr gut.

FÜR 1 KUCHEN

200 g Mehl
250 g Mandeln, gemahlen
1 TL Kakaopulver
1 TL Zimt
1 Msp gemahlene Nelken
200 g Zucker
1 Pck. Vanillezucker
1 Pr Salz
1 Ei
250 g Butter
200 g Himbeermarmelade

1

Alle Zutaten außer der Himbeermarmelade mit den Knethaken des Handrührgeräts zu einem krümeligen Teig verarbeiten. Anschließend von Hand zu einem homogenen Teig kneten.
Den Teig zugedeckt etwa 30 Minuten lang kalt stellen.

2

Den Backofen auf 175 °C Ober-/ Unterhitze vorheizen.

3

Zwei Drittel des Teiges etwa 0,5 cm dick ausrollen, in eine Springform legen und einen 2 cm hohen Rand formen. Den Teig mit einer Gabel mehrmals einstechen. Die Marmelade gleichmäßig auf dem Boden verteilen.

4

Den restlichen Teig ausrollen und mit einem Teigrädchen in Streifen schneiden.
Die Teigstreifen gitterartig auf der Marmelade verteilen.

5

Den Kuchen im vorgeheizten Backofen ca. 50–60 Minuten backen.

MÖHRENSCHNITTEN MIT MASCARPONE-TOPPING

Das Gebäck eignet sich sehr gut zum Einfrieren, Sie können also ruhig mehr davon herstellen.

FÜR 1 BACKBLECH

500 g Möhren
6 Eier
1 Pr Salz
125 g weiche Butter
150 g Zucker
geriebene Schale und Saft von 1 Zitrone
1 TL Ingwerpulver
250 g Haselnüsse, gemahlen
150 g Vollkornmehl
1 Pck. Backpulver
1 Glas Aprikosenmarmelade
50 g Pistazien, gehackt
200 g Mascarpone

1

Die Möhren schälen und fein raspeln.

2

Die Eier trennen und die Eiweiße mit dem Salz steif schlagen.

3

Die Butter mit dem Zucker schaumig rühren, die Eigelbe unterrühren, dann die Zitronenschale und das Ingwerpulver untermischen. Die Haselnüsse, das Vollkornmehl und das Backpulver unterheben. Zuletzt die Möhren und das Eiweiß vorsichtig unterheben.

4

Den Backofen auf 180 °C Ober-/Unterhitze vorheizen. Den Teig auf ein mit Backpapier ausgelegtes Backblech streichen und den Kuchen im vorgeheizten Ofen 30–35 Minuten lang backen.

5

Die Aprikosenmarmelade erhitzen und den warmen Kuchen damit bestreichen, mit Pistazien bestreuen und den Kuchen auskühlen lassen. In 3×3 cm große Quadrate schneiden.

6

Zum Servieren den Mascarpone mit dem Zitronensaft verrühren und zum Kuchen reichen.

BIRNENTÖRTCHEN MIT CALVADOS

Dieses Rezept schmeckt auch mit frischen Birnen herrlich. Wer keinen Calvados zum Beträufeln verwenden möchte, kann diesen gut durch Birnen- oder Apfelsaft ersetzen.

FÜR 4–6 PORTIONEN

100 g Butter
75 g Zucker
2 Eier
100 g Walnüsse, gemahlen
1 Pr Salz
65 g Mehl
½ Pck. Backpulver
½ Dose Birnen
Walnusshälften
Calvados
Fett für die Formen

1

Den Backofen auf 180 °C Ober-/Unterhitze vorheizen.

2

Butter, Zucker, Eier, gemahlene Walnüsse, Salz, Mehl und Backpulver etwa 5 Minuten lang rühren, bis die Masse cremig ist.

3

Die Birnenhälften abtropfen lassen, in 6 Stücke schneiden und unter die Rührmasse heben. Kleine feuerfeste Formen fetten, je 2 Walnusshälften hineinlegen und die Rührmasse einfüllen. Die Birnentörtchen im vorgeheizten Backofen ca. 15–20 Minuten lang backen.

4

Die Törtchen noch warm mit je ½ TL Calvados beträufeln.

Rosmarinparfait

Servieren Sie das Parfait in dem Förmchen, in dem Sie es eingefroren haben, mit einem kleinen Sahnetuff oder stürzen Sie das Parfait aus der Form und richten Sie es auf einem leicht gesüßten Johannisbeerspiegel an.

Für 4 Personen

75 g Zucker
75 ml Wasser
1 TL Rosmarinnadeln (in Tee- oder Kaffeefilter abgefüllt)
4 Eigelb
250 g Sahne

1

Den Zucker, das Wasser und die Rosmarinnadeln zum Kochen bringen und ca. 3 Minuten lang kochen, dann etwa 1 Stunde lang ziehen lassen.

2

Die Eigelbe in einer Schüssel auf höchster Stufe cremig aufschlagen. Dabei erst tröpfchenweise, dann in immer größeren Mengen den Zuckersirup hinzufügen. Die Masse so lange weiterschlagen, bis diese sehr schaumig ist. Die Sahne steif schlagen und unterheben.

3

Die Creme auf kleine Förmchen verteilen und im Tiefkühlfach in etwa 4 Stunden gefrieren lassen.

Walnusscreme mit geeister Beerensauce

Sie können die Beeren auch im Ganzen über die Creme geben und den Honig darüberträufeln. In jedem Fall ein Hochgenuss!

Für 4 Personen

500 ml Milch
1 Ei
30 g Stärke
30 g Zucker
50 g Walnüsse, gemahlen
200 g Sahne
200 g Beeren
Honig

1

Milch, Ei, Stärke, Zucker und gemahlene Walnüsse unter ständigem Rühren mit einem Schneebesen aufkochen, dann erkalten lassen.

2

Die Sahne steif schlagen und unter die Creme heben.

3

Die Beeren antauen lassen, dann pürieren, mit Honig abschmecken und über der Creme verteilen.

SÜSSES FÜR DEN VORRAT

RHABARBERSIRUP

Eine sommerliche Erfrischung erhalten Sie, wenn Sie den Rhabarbersirup mit eisgekühltem Mineralwasser oder Sekt aufgießen.

FÜR 1 FLASCHE À 500 ML

500 g Rhabarber
250 ml Wasser
250 g Zucker
Saft von 1 Zitrone
Mark von 2 Vanilleschoten

1

Den Rhabarber putzen, in Stücke schneiden, mit dem Wasser zum Kochen bringen und je nach Dicke der Stücke in 7–12 Minuten weich garen, dann durch ein mit einem Mulltuch ausgelegtes Sieb filtern. Dabei nicht zu fest drücken, sonst wird der Saft trüb.

2

Den aufgefangenen Saft mit dem Zucker, dem Zitronensaft und dem Vanillemark aufkochen. So lange kochen lassen, bis sich der Zucker vollständig aufgelöst hat.

3

Noch kochend in Flaschen abfüllen und diese verschließen.

ROSMARINSIRUP

Der Sirup eignet sich gut zum Verfeinern von Speisen und ist eine außergewöhnliche Beimischung zu Sekt.

FÜR 1 FLASCHE À 250 ML

2 TL Rosmarinnadeln (in Tee- oder Kaffeefilter abgefüllt)
100 g Zucker
250 ml Wasser

1

Die Rosmarinnadeln in einen Teefilter füllen. Zucker und Wasser in einem Topf vermischen, den Filter mit dem Rosmarin in den Sirup hängen.

2

Aufkochen und etwa 3 Minuten lang kochen lassen, bis sich der Zucker vollständig aufgelöst hat.

3

Den Sud 24 Stunden lang abgedeckt stehen lassen, damit sich die ätherischen Öle und das Aroma voll entwickeln können.

4

Nochmals aufkochen, den Teefilter entfernen und den Sirup in Flaschen abfüllen.

Rosenblütengelee

Das Rosenblütengelee eignet sich zum Verfeinern von Kuchen und Eis. Der Apfelsaft lässt sich auch gut durch Sekt ersetzen. Das Gelee schmeckt dadurch etwas herber.

Für 3 Gläser à 250 ml

6 Rosenblütenköpfe
Mark von 1 Vanilleschote
Saft von 1 Zitrone
1 Msp Zimt
300 ml Apfelsaft
200 ml Rosenwasser
250 g Gelierzucker 3:1
150 ml trockener Sekt
3 Tropfen ätherisches Rosenblütenöl

1

Die Rosen leicht ausschütteln, die Blütenblätter abzupfen und kleinschneiden.

2

Die Rosenblütenblätter, das Vanillemark, den Zitronensaft und den Zimt zusammen mit dem Apfelsaft und dem Rosenwasser in einem Topf aufkochen.

3

Den Gelierzucker dazugeben, rühren, bis er sich aufgelöst hat, und alles etwa 4 Minuten lang kochen lassen. Vom Herd nehmen, den Sekt und das Rosenblütenöl hinzufügen.

4

Das Gelee in saubere Gläser füllen und diese verschließen.

Lavendel-Rosenblütenlikör

Es gibt kaum etwas Schöneres, als in den eigenen Garten gehen und in sehr kurzer Zeit dieses Rezept umsetzen zu können. Die Begeisterung für dieses Rezept wird garantiert.

Für 1 Flasche à 1 l

6 Duftrosenblütenköpfe
2 Lavendelblütenrispen
300 g weißer Kandis
Mark von 1 Vanilleschote
700 ml Wodka

1

Die Rosen- und die Lavendelblüten ausschütteln, anschließend die Blütenblätter abzupfen.

2

Kandis, Rosenblüten, Lavendelblüten und Vanillemark in ein verschließbares Glas füllen und mit dem Wodka auffüllen.
Das Gefäß verschließen und etwa 10 Tage an einen warmen Ort stellen. Täglich schütteln, damit sich die Aromastoffe besser lösen.

3

Dann den Likör durch einen Kaffeefilter gießen und weitere 4 Wochen nachreifen lassen. Anschließend in Flaschen füllen und dunkel aufbewahren.

STACHELBEERMARMELADE MIT BASILIKUM

Die Marmelade schmeckt gut zu Schokoladencreme. Bereiten Sie hierzu ein Päckchen Schokoladenpudding zu, allerdings nicht mit Milch, sondern mit 300 g Sahne. Servieren Sie die kalte Creme mit der Marmelade.

FÜR 4 GLÄSER À 250 ML

1 kg Stachelbeeren
100 ml naturtrüber Apfelsaft
500 g Gelierzucker 2:1
4 Stängel Basilikum

1

Die Stachelbeeren waschen und die Blütenansätze entfernen. Mit dem Apfelsaft und dem Gelierzucker in einem Topf unter ständigem Rühren aufkochen lassen. Rühren, bis sich der Zucker aufgelöst hat. Etwa 4 Minuten lang sprudelnd kochen lassen. Gelierprobe machen.

2

Das Basilikum abbrausen und trocken schütteln. Die Blätter in sehr feine Streifen schneiden und unter die Marmelade rühren.

3

Die Marmelade heiß in saubere Gläser füllen und diese sofort verschließen.

LÖWENZAHNBLÜTEN-SIRUP

Karamellisieren Sie Sonnenblumenkerne mit Löwenzahnblütenhonig, so erhalten Sie für Joghurt oder Blattsalate eine sehr feine Ingredienz.

FÜR 4 GLÄSER À 250 ML

etwa 40 Löwenzahnblüten
5 Kapseln grüner Kardamom
1 kg Zucker

1

Die Löwenzahnblütenköpfe in ein Sieb legen und vorsichtig schütteln, um sie von Ungeziefer zu befreien. Die Kardamomkörner aus den Kapseln nehmen und mit einem Mörser fein zermahlen.

2

Danach den Zucker, die Löwenzahnblütenköpfe und den Kardamom abwechselnd in etwa 4–5 gut verschließbare Schraubgläser einfüllen. Die Gläser 8–12 Wochen an einen sonnigen Ort stellen. Nach und nach verflüssigt sich der Zucker zu Sirup.

3

Den Sirup durch ein grobmaschiges Tuch seihen und in gut verschraubbare Gläser abfüllen.

BIRNEN IN KAFFEE

Dieses unbekannte Dessert schmeckt mit frisch geschlagener Sahne und einer Kugel Walnusseis sehr fein und überrascht jeden spontanen Gast.

FÜR 2 GLÄSER À 300 ML

2 reife Birnen
4 EL brauner Zucker
600 ml Espresso
4 Pr Kardamompulver

1

Die Birnen waschen, schälen, halbieren und vom Kerngehäuse befreien. Mit dem Zucker bestreuen und in einem Topf bei mittlerer Hitze leicht karamellisieren lassen.

2

Den Espresso über die Birnen gießen. Die Birnen im Espresso 20–25 Minuten lang garen, weich werden, aber nicht zerfallen lassen.

3

Den Kardamom hinzufügen. Die Birnenhälften vorsichtig aus der Espressolösung nehmen, in ein Schraubglas legen und den heißen Espresso darübergießen. Das Schraubglas fest verschließen.

HEIDELBEER-BIRNEN-MARMELADE

Statt Apfelmus ist diese Marmelade eine gute Variante zu frischen Pfannkuchen oder Mini-Naans.

FÜR 4 GLÄSER À 250 ML

600 g Heidelbeeren
500 g Gelierzucker 2:1
1 TL Sternanis, gemahlen
2 reife Birnen

1

Heidelbeeren, Gelierzucker und Sternanis in einem Topf miteinander vermischen. Die Birnen waschen, entkernen und in kleine Würfel schneiden.

2

Alles aufkochen und die Marmelade etwa 4 Minuten lang köcheln lassen. Gelierprobe machen.

3

Sofort in Schraubgläser füllen und diese fest verschließen.

POWIDL

Powidl ist ein Zwetschen- oder Pflaumenmus, der ohne Konservierungsstoffe wie Zucker hergestellt wird. Nehmen Sie das intensive Violett des Powidls als Anlass, Ihren Frühstückstisch einmal in Violetttönen einzudecken.

FÜR 3 GLÄSER À 250 ML

- 1 kg Zwetschgen
- 50 ml Apfelessig
- 50 ml Rotwein
- 1 Pr Nelken
- 1 Pr Zimt

1

Die Zwetschgen waschen, entsteinen und halbieren. Die Früchte zusammen mit dem Apfelessig, dem Rotwein und den Gewürzen in einen Bräter geben.

2

Bei 150 °C Ober-/Unterhitze etwa 3 Stunden lang einkochen, dabei die Masse gelegentlich umrühren, bis diese dunkellila ist.

3

Nachdem fast alle Flüssigkeit verdampft ist, die Masse pürieren und nochmals abschmecken.

4

Den Powidl heiß in Schraubgläser füllen und diese sofort verschließen.

ERDBEER-LIMES

Stilecht serviert wird der Erdbeer-Limes mit einem Zitronenmelisseblatt.

FÜR 4 FLASCHEN À 500 ML

750 g Erdbeeren
250 g Zucker
250 ml Wasser
250 ml Limettensaft
500 ml Wodka

1

Die Erdbeeren waschen, putzen und pürieren. Den Zucker mit dem Wasser aufkochen und kochen lassen, bis sich der Zucker gelöst hat.

2

Danach das Erdbeerpüree und den Limettensaft dazugeben und alles noch einmal kurz aufkochen lassen.

3

Die Flüssigkeit abkühlen lassen, dann den Wodka hinzugießen.

4

Den Erdbeer-Limes in Flaschen abfüllen, gut verschließen und kühl stellen.

PIKANTES FÜR DEN VORRAT

BÄRLAUCHÖL

Die pürierte Masse kann, mit in Streifen geschnittener roter Paprika oder kleingewürfelten Tomaten, gut mit Pasta vermischt und serviert werden. Das Öl eignet sich zu gegrillten Gemüsen, Salaten und natürlich zu jeglicher Art von Pasta mit frisch gehobeltem Parmesan.

FÜR 1 FLASCHE À 200 ML

2 Bund Bärlauch
200 ml Olivenöl
½ TL Fleur de Sel
1 Knoblauchzehe

1

Den Bärlauch vorsichtig waschen und gut trocken tupfen. Dann 2 Minuten lang in kochendem Wasser blanchieren, anschließend sofort in Eiswasser abschrecken.

2

Den Bärlauch in einem Sieb gut abtropfen lassen.

3

Die blanchierten Bärlauchblätter mit dem Olivenöl und dem Fleur de Sel pürieren. Anschließend etwa 24 Stunden lang ziehen lassen.

4

Die Masse durch ein engmaschiges Sieb filtern. Je nach gewünschter Intensität des Öls kann eine Knoblauchzehe auf einen Zahnstocher gestochen und in das zubereitete Öl gelegt werden.

BÄRLAUCHPESTO

Das Pesto kann sehr gut mit Pellkartoffeln und Quark, Kartoffel- oder Karottenrösti und einem frischem Blattsalat serviert werden.

FÜR 3 GLÄSER À 300 ML

200 g Bärlauch
150 g Walnusskerne
500 ml Olivenöl
100 g Parmesan oder Pecorino, gerieben
3 Knoblauchzehen
schwarzer Pfeffer und grobes Meersalz

1

Den Bärlauch vorsichtig waschen und gründlich trocken tupfen.

2

Den Bärlauch, die Walnusskerne, das Olivenöl, den Käse und die Knoblauchzehen mit dem Pürierstab in einem hohen Gefäß pürieren. Mit frisch gemahlenem schwarzen Pfeffer und grobem Meersalz abschmecken.

3

Die Masse hält sich in gut verschließbaren Schraubgläsern etwa 2 Wochen.

SPARGELPESTO

Rosa gebratenes Rinderfilet und Kartoffelrösti passen sehr gut zu diesem Rezept.

FÜR 2 GLÄSER À 250 ML

250 g Spargel
1 Knoblauchzehe
2 EL Walnusskerne
1 Topf Basilikum
150 ml Olivenöl
4 EL geriebener Parmesan
Zitronensaft
Salz und Pfeffer

1

Den Spargel ca. 20 Minuten lang in Salzwasser garen, dann abgießen (etwa 5 EL Spargelwasser auffangen) und abschrecken. Gut abtropfen lassen.

2

Den Spargel in Stücke schneiden und mit dem aufgefangenen Spargelwasser, der Knoblauchzehe, den Walnusskernen, dem Basilikum und dem Olivenöl sämig pürieren. Danach den Parmesan unterrühren und nach Bedarf mit Zitronensaft, Salz und Pfeffer abschmecken.

3

Das Spargelpesto hält sich in einem gut verschlossenen Glas bis zu 1 Woche im Kühlschrank.

WILDKRÄUTERPESTO

Falls die geernteten Kräuter nicht sofort verarbeitet werden können, halten sich diese am besten im Kühlschrank frisch. Hierzu die Kräuter in einen Plastikbeutel legen, diesen leicht aufblasen und zuknoten. Um das feine Aroma der Kräuter nicht zu verlieren, ist es empfehlenswert, diese erst kurz vor der Verarbeitung zu zerkleinern.

FÜR 2 GLÄSER À 250 ML

100 g Wildkräuter (wie Giersch, Löwenzahn, Kerbel, Borretsch, Sauerampfer)
75 g Pinienkerne
6 Knoblauchzehen
100 g Parmesan oder Pecorino, gerieben
250 ml Olivenöl

1

Die Wildkräuter gut waschen, trocken tupfen und von dicken Stängeln befreien.

2

Die Pinienkerne in einer Pfanne ohne Zugabe von Fett rösten.

3

Alle Zutaten mit einem Pürierstab zerkleinern und in ein gut verschließbares Gefäß füllen.

ZWIEBEL-LORBEER-CHUTNEY

Am besten schmeckt das Chutney zu Rührei und kräftigem Roggenbrot.

FÜR 2 GLÄSER À 250 ML

600 g rote Zwiebeln
1 Chilischote
2 EL Olivenöl
2 EL Honig
2 Lorbeerblätter
1 TL gehackter frischer Thymian
120 ml Weißweinessig

1

Die Zwiebeln in etwa 1 cm große Würfel schneiden. Die Chilischote entkernen und ebenfalls klein schneiden.

2

Das Olivenöl erhitzen und die Zwiebeln sowie die Chili darin in etwa 20 Minuten glasig dünsten.

3

Den Honig, die Lorbeerblätter und den Thymian zugeben und die Masse mit dem Weißweinessig ablöschen. Köcheln lassen, bis die Flüssigkeit verdampft ist.

4

Das Chutney noch heiß in gut gereinigte Gläser füllen.

APFEL-INGWER-GELEE

Ungewöhnlich, aber köstlich schmeckt das Gelee zu gebratenen Spargelspitzen, Garnelen und Pasta. Dafür vermengen Sie die Zutaten nach dem Garen miteinander und schmecken das Gericht mit Salz, wenig Pfeffer und Apfel-Ingwer-Gelee ab.

FÜR 4 GLÄSER À 300 ML

3 kg Äpfel
500 ml Wasser
1 Pck. Zitronensäure
50 g Ingwer
750 g Gelierzucker 1:1

1

Die Äpfel waschen, entkernen und würfeln. Die Apfelstücke mit Wasser und Zitronensäure so lange garen, bis die Äpfel anfangen zu zerfallen.

2

Ein grobes Sieb über einer Schüssel mit einem Geschirrtuch auslegen und die Äpfel darin abgedeckt über Nacht abtropfen lassen. Den Ingwer schälen und fein reiben.

3

750 ml des aufgefangenen Saftes abmessen und mit dem Gelierzucker und dem Ingwer aufkochen lassen. Sprudelnd ca. 3 Minuten lang kochen lassen. Gelierprobe machen.

4

Den entstandenen Schaum entfernen und das Gelee in saubere Gläser füllen und diese verschließen.

Apfel-Kürbis-Marmelade

Zusammen mit gratiniertem Ziegenkäse ergibt die Apfel-Kürbis-Marmelade eine leckere Vorspeise, am besten serviert mit einem Glas Roséwein.

Für 5 Gläser à 300 ml

ca. ½ Kürbis, insgesamt 600 g, am besten Hokkaido
500 g Äpfel
Saft von 1 Zitrone
1 Pck. Vanillezucker
1 kg Gelierzucker

1

Den Kürbis waschen, von den Kernen befreien und würfeln. Die Äpfel waschen, entkernen und ebenfalls würfeln.

2

Die Kürbis- und Apfelstücke, den Zitronensaft, den Vanillezucker und den Gelierzucker vermischen und unter ständigem Rühren 3 Minuten lang sprudelnd kochen lassen. Gelierprobe machen. Nach Wunsch die Marmelade stückig lassen oder pürieren.

3

Die Apfel-Kürbis-Marmelade heiß in saubere Gläser füllen und diese verschließen.

CHILI-KIRSCH-KONFITÜRE MIT WALNÜSSEN

Servieren Sie diese Köstlichkeit mit Schweinefilet und herzhaftem Brot. Braten Sie hierfür das Fleisch von beiden Seiten kurz an, wickeln Sie dieses in Alufolie und garen Sie es etwa 15 Minuten lang im Backofen bei einer Temperatur von 170 °C weiter. In der Zwischenzeit bestreichen Sie die Brotscheiben mit mildem Gorgonzola und belegen sie mit einem Lollo-Rosso-Salatblatt. Schneiden Sie das Schweinefilet in Scheiben und streichen Sie die Marmelade auf die noch warmen Medaillons.

FÜR 5 GLÄSER À 300 ML

ca. 1,5 kg Sauerkirschen
100 g Walnusskerne
1 Chilischote
500 g Gelierzucker 2:1

1

Die Sauerkirschen waschen, entsteinen und 1 kg Fruchtfleisch abwiegen. Die Hälfte der Kirschen pürieren.

2

Die Walnüsse grob hacken, die Chilischote abspülen, entkernen und fein hacken.

3

Alle Zutaten in einen Topf aufkochen, dann etwa 4 Minuten lang köcheln lassen. Gelierprobe machen.

4

Die Konfitüre in Schraubgläser füllen und diese verschließen.

Radicchio-Marmelade

Das italienische Rezept eignet sich besonders in der Kombination mit gekochtem Schinken, Wild, Lamm und kräftigen Käsesorten wie Parmigiano reggio.

Für 3 Gläser à 250 ml

1 kg Radicchio
1 EL Himbeeressig
brauner Zucker
250 ml trockener Rotwein
1 TL geriebener Ingwer
Salz

1

Die Radicchioblätter vom Strunk lösen und in sehr feine Streifen schneiden. Zusammen mit dem Essig in kochendes Wasser geben und 2 Minuten lang blanchieren. In einem Sieb gut abtropfen lassen.

2

Den Radicchio wiegen und mit derselben Menge an braunem Zucker, dem Rotwein, dem Ingwer und dem Salz etwa 30 Minuten lang offen kochen lassen.

3

Die Marmelade in Schraubgläser füllen und diese sofort verschließen. Vor dem Verzehr etwa 8 Wochen ziehen lassen.

BIRNENSENF

Dieser fruchtige Senf passt gut zu würzigem Käse und zu Wildgerichten.

FÜR 2 GLÄSER À 250 ML

700 g reife Birnen
100 g Honig
50 ml Apfelessig
1 EL Senfpulver
Wasser
2 EL körniger Senf

1

Die Birnen waschen, entkernen und in kleine Würfel schneiden.

2

Die Birnenstücke in dem Honig und dem Apfelessig 20 Minuten lang dünsten, bis die Birnen sehr weich sind.

3

Das Senfpulver mit etwas Wasser glattrühren und zusammen mit den Birnen, der Kochflüssigkeit und dem körnigen Senf pürieren.

4

Den zubereiteten Senf in Schraubgläser füllen und diese verschließen. Den Birnensenf im Kühlschrank aufbewahren.

EINGELEGTE MÖHRCHEN

Genießen Sie die eingelegten Möhrchen mit Ofenkartoffeln und einem leichtem Joghurtdip.

FÜR 3 GLÄSER À 300 ML

800 g junge Möhrchen
40 g geschälte Sesamsamen
1 Bund glatte Petersilie
1 Topf Basilikum
100 g getrockenete Tomaten in Öl
2 EL Kapern
1 Knoblauchzehe
6 EL Olivenöl und zusätzlich zum Auffüllen
2 EL Weißweinessig

1

Die Möhrchen waschen und putzen, dabei etwa 1 cm vom Grün stehen lassen, und längs halbieren. Dann in Salzwasser 5 Minuten lang blanchieren, abgießen und abtropfen lassen.

2

Den Sesam in einer Pfanne ohne Zugabe von Fett goldbraun anrösten. Beiseitestellen.

3

Die Petersilie und das Basilikum waschen, trocken tupfen und in sehr feine Streifen schneiden. Die Tomaten abtropfen lassen und ebenso in sehr feine Streifen schneiden.

4

Die Kapern fein hacken, die Knoblauchzehe schälen und ebenfalls fein hacken. Alle Zutaten, außer den Möhrchen, zu einer Marinade verrühren.

5

Die Möhrchen vorsichtig in ein Glas geben und die Marinade darübergießen. Das Glas mit Olivenöl auffüllen, bis die Möhrchen bedeckt sind, und verschließen.

GEMÜSEVINAIGRETTE

Diese fruchtig-aromatische Gemüsevinaigrette passt sehr gut zu Fischfilet und in Butter geschwenkten Kartoffeln.

FÜR 2 GLÄSER À 250 ML

1 Karotte
½ Stange Lauch
¼ Sellerieknolle
1 rote Paprika
1 Knoblauchzehe
10 EL Olivenöl
Saft von ½ Zitrone
1 TL scharfer Senf
1 Pr Salz

1

Das Gemüse waschen, putzen und in sehr feine Würfel schneiden. Die Knoblauchzehe schälen und fein hacken.

2

Olivenöl, Zitronensaft, Senf und Salz verrühren und über das Gemüse gießen. Vorsichtig umrühren.

HIMBEER-ERDNUSS-VINAIGRETTE

Die Marinade kann auch mit gefrorenen Himbeeren zubereitet werden. Wenn man den Anteil der Erdnussbutter erhöht, erhält man eine Marinadencreme, die in ganzen Eisbergsalatblättern, verziert mit frischen Himbeeren, serviert werden kann – eine Fingerfood-Idee der besonderen Art.

FÜR 1 GLAS À 300 ML

300 g Himbeeren
1 TL geriebener Ingwer
6 EL Himbeeressig
4 EL Sesamöl
3 EL Erdnussbutter
schwarzer Pfeffer und Meersalz

1

Alle Zutaten mit dem Pürierstab pürieren. Mit frisch gemahlenem schwarzen Pfeffer und Meersalz abschmecken.

2

Die Marinade hält sich gut verschlossen etwa 4 Tage im Kühlschrank.

FLEISCHEXTRAKT

Dosieren Sie diese vielseitige Suppenwürze sparsam, weil sie sehr salzig ist. Gemüse können Sie beispielsweise in der Bouillon würzig garen. Für eine Eierflockensuppe verquirlen Sie ein Ei mit Muskat, Salz und gehackter Petersilie und lassen die Flüssigkeit unter Rühren in die kochende Brühe laufen.

FÜR 6 GLÄSER À 300 ML

300 g Hühnerbrust
300 g mageres Rindfleisch
300 g Karotten
300 g Knollensellerie
300 g Zwiebeln
100 g Ingwer
500 g Salz

1

Alle angegebenen Zutaten außer dem Salz in kleine Stücke schneiden und durch einen Fleischwolf drehen.

2

Den Backofen auf 100 °C Ober-/Unterhitze vorheizen. Die Hälfte des Salzes in einen feuerfesten Topf geben. Die Gemüse-Fleisch-Mischung darüberschichten und das restliche Salz darauf verteilen.

3

Die Masse abgedeckt im vorgeheizten Backofen 150 Minuten lang garen.

4

Die abgekühlte Masse pürieren, abfüllen und im Kühlschrank aufbewahren.

Gemüsewürze

Dosieren Sie diese salzige Suppenwürze sparsam. Für eine besondere Schärfe können Sie dem Rezept noch 50 bis 100 g Ingwer zufügen.

Für 10 Gläser à 400 ml

2 kg reife Tomaten
500 g Karotten
500 g Knollensellerie
500 g Lauch
500 g Salz

1

Die Tomaten waschen, vierteln und vom Stielansatz befreien. In einem Topf ohne Zugabe von Wasser in etwa 20 Minuten weich dünsten.

2

Die Karotten, den Sellerie und den Lauch waschen, putzen und sehr klein würfeln. Danach das Gemüse nochmals wiegen; es sollten insgesamt 1,5 kg sein.

3

Die gegarten Tomaten mithilfe eines Siebs passieren, die Schalen entsorgen.

4

Das klein geschnittene Gemüse durch einen Fleischwolf drehen und danach mit den abgekühlten Tomaten und dem Salz mischen.

5

Die Mischung in heiß ausgespülte Gläser füllen und fest verschließen.

REGISTER

Bildnachweis

Photocase: 10 (Vicuschka), 12 (manun), 15 (Vicuschka)
Stefanie Knorr: 18, 20, 27, 28, 30, 32, 37, 52, 55, 59, 60, 63, 70, 73, 78, 85, 98, 111, 122, 126, 129
Chandima Soysa: 22, 34, 38, 43, 44, 46, 49, 50, 56, 64, 66, 74, 76, 80, 81, 86, 90, 91, 93, 94, 97, 101, 102, 105, 106, 113, 114, 117, 118, 121, 125, 131

Zur Autorin

Seit über zwanzig Jahren arbeitet Stefanie Knorr im hauswirtschaftlichen Bereich.
Nach einer Ausbildung zur Hauswirtschaftlichen Betriebsleiterin leitete sie lange Zeit verschiedenen Großküchen und die Ausbildung von Hauswirtschafterinnen und hauswirtschaftstechnischen Helferinnen.
Mittlerweile arbeitet sie als Technische Lehrerin im Schuldienst in den Bereichen Nahrungszubereitung, Servierkunde, Textilarbeit und Werken.
Darüber hinaus beschäftigt sie sich mit ganzheitlicher Gesundheitslehre, bezugnehmend auf Ernährung in Verbindung mit Kunst und Kreativität.

Heidelbeer-Birne
Heidelbeer-Birne
Heidelbeer-Birne
Wildkräuter-pesto
Birnensenf
Tomaten
Wildkräuter-pesto
Eingelegte Möhrchen
Birne in Kaffee
Birnensenf
Birnensenf
Bärlauch-pesto
Apfel-Ingwer-Gelee
Apfel-Ingwer-Gelee
Spargel-pesto
Powidl
Powidl
Birnensenf
Tomaten
Wildkräuter-pesto
Eingelegte Möhrchen
Apfel-Ingwer-Gelee
Apfel-Ingwer-Gelee
Spargel-pesto
Powidl
Powidl
Bärlauch-pesto
Eingelegte Möhrchen
Rosenblüten-Gelee
Rosenblüten-Gelee
Rosenblüten-Gelee
Rosenblüten-Gelee
Birne in Kaffee
Birnensenf
Birnensenf
Eingelegte Möhrchen
Zwiebel-Lorbeer-Chutney
Birnensenf
Tomaten
Wildkräuter-pesto
Heidelbeer-Birne
Heidelbeer-Birne
Wildkräuter-pesto
Zwiebel-Lorbeer-Chutney
Stachelbeere
Tomaten
Heidelbeer-Birne
Heidelbeer-Birne
Heidelbeer-Birne
Powidl
Powidl
Bärlauch-pesto
Eingelegte Möhrchen
Zwiebel-Lorbeer-Chutney
Birnensenf
Tomaten
Powidl
Powidl
Powidl
Bärlauch-pesto
Spargel-pesto
Powidl
Bärlauch-pesto

Stachelbeere
Tomaten
Heidelbeer-Birne
Heidelbeer-Birne
Heidelbeer-Birne
Wildkräuter-pesto
Stachelbeere
Eingelegte Möhrchen
Rosenblüten-Gelee
Rosenblüten-Gelee
Rosenblüten-Gelee
Rosenblüten-Gelee
Birne in Kaffee
Birnensenf
Eingelegte Möhrchen
Rosenblüten-Gelee
Rosenblüten-Gelee
Eingelegte Möhrchen
Zwiebel-Lorbeer-Chutney
Birnensenf
Tomaten
Wildkräuter-pesto
Eingelegte Möhrchen
Zwiebel-Lorbeer-Chutney
Apfel-Ingwer-Gelee
Apfel-Ingwer-Gelee
Spargel-pesto
Powidl
Powidl
Bärlauchpesto
Apfel-Ingwer-Gelee
Apfel-Ingwer-Gelee
Heidelbeer-Birne
Eingelegte Möhrchen
Rosenblüten-Gelee
Rosenblüten-Gelee
Birne in Kaffee
Birnensenf
Eingelegte Möhrchen
Rosenblüten-Gelee
Rosenblüten-Gelee
Stachelbeere
Tomaten
Heidelbeer-Birne
Heidelbeer-Birne
Wildkräuter-pesto
Stachelbeere
Tomaten
Birnensenf
Eingelegte Möhrchen
Zwiebel-Lorbeer-Chutney
Birnensenf
Tomaten
Wildkräuter-pesto
Apfel-Ingwer-Gelee
Apfel-Ingwer-Gelee
Powidl
Bärlauchpesto